面向智能决策的企业财务数智化绩效评价体系构建研究

田茂永　莫　超　著

中国商业出版社

图书在版编目(CIP)数据

面向智能决策的企业财务数智化绩效评价体系构建研究 / 田茂永，莫超著. -- 北京 ：中国商业出版社，2025. 6. -- ISBN 978-7-5208-3416-2

Ⅰ. F275-39

中国国家版本馆CIP数据核字第2025W33L21号

责任编辑:管明林

中国商业出版社出版发行

（www.zgsycb.com　100053　北京广安门内报国寺 1 号）

总编室：010－63180647　编辑室：010－83114579

发行部：010－83120835/8286

新华书店经销

天津和萱印刷有限公司印刷

*

787 毫米×1092 毫米　16 开　8.75 印张　153 千字

2025 年 6 月第 1 版　2025 年 6 月第 1 次印刷

定价：45.00 元

* * * *

（如有印装质量问题可更换）

前　言

在全球经济快速变革的背景下，企业面临着前所未有的挑战和机遇。信息技术的飞速发展，特别是大数据、人工智能和区块链等新兴技术的广泛应用，正在深刻改变企业的运营模式和决策方式。与此同时，企业的财务管理也在向数智化方向转型，传统的财务管理模式已难以满足现代企业对高效、精准决策的需求。因此，构建面向智能决策的企业财务数智化绩效评价体系，成为企业提升竞争力和实现可持续发展的关键所在。

本书从理论基础入手，分析了数智化绩效评价体系的总体框架设计，论述了数据层构建、模型层构建以及应用层构建。希望通过本书的介绍，能够为读者在面向智能决策的企业财务数智化绩效评价体系构建研究方面有所帮助。

本书主要汇集了笔者在工作、实践中取得的一些研究成果。在撰写过程中，笔者参阅了相关文献资料，在此，谨向其作者深表感谢。

由于笔者水平有限，加之时间仓促，书中难免存在不足，敬请广大读者批评指正。

著　者

2025 年 4 月

前 言

[illegible]

[illegible]

[illegible]

[illegible]

目 录

第一章 理论基础

第一节 财务绩效评价的核心理论

一、财务绩效评价的概念与重要性

（一）财务绩效评价的定义

财务绩效评价是对企业财务状况和经营成果的定量和定性分析，以评估其经济效益和运营效率。这一过程不仅涉及对企业财务报表的分析，还包括对企业经营活动的全面审视。通过对财务数据的深入解读，财务绩效评价能够揭示企业在资源使用、成本控制和市场竞争中的表现，为企业的长远发展提供深刻的洞察。其核心在于通过系统化的分析，识别企业在财务管理中的优劣势，从而为管理层提供有力的支持。

财务绩效评价通过多种财务指标，帮助管理层和投资者理解企业的盈利能力、偿债能力和营运能力。常用的财务指标包括但不限于净利润率、资产负债率和流动比率等。这些指标不仅反映了企业的财务健康状况，还揭示了企业在市场中的竞争力。通过对这些指标的对比分析，管理层可以制定出更具针对性的战略措施，以提高企业的市场适应能力和盈利水平。此外，投资者也可以通过这些指标判断企业的投资价值和潜在风险。

财务绩效评价是企业内部控制和风险管理的重要组成部分，有助于识别潜在财务风险并制定相应的应对措施。在企业运营过程中，财务风险无处不在，可能来自市场波动、政策变化或内部管理不善。通过定期的财务绩效评价，企业可以及时发现潜在的财务风险，并采取预防措施以降低风险对企业的影响。这不仅保护了企业的财务安全，还提高了企业的整体管理水平，使其能够在复杂的商业环境中稳步前行。

（二）财务绩效评价的对象

在企业的财务绩效评价中，明确评价的对象是至关重要的。财务绩效评价的对象主要是企业的财务报表，这些报表是评价的基础数据来源。具体而言，资产负债表、利润表和现金流量表构成了财务分析的核心，它们提供了企业在某一特定时期内的财务状况、经营成果和现金流动情况。通过对这些报表的深入分析，能够获取企业的财务健康状况和运营效率的重要信息。这些信息不仅为内部管理提供决策支持，也为外部投资者和利益相关者提供了透明的财务数据。

除了基础报表，财务绩效评价还涉及对各类财务指标的计算和分析。这些指标包括净利润率、资产回报率和流动比率等，它们用于衡量企业的盈利能力和财务稳定性。净利润率反映了企业在收入中获得利润的能力，资产回报率衡量了企业利用其资产创造收益的效率，流动比率则是评估企业短期偿债能力的重要指标。通过对这些指标的综合分析，可以更全面地了解企业的财务状况，并为改善经营策略提供数据支持。

财务绩效评价的对象还扩展到企业的各个部门和业务单元。通过对不同业务的财务绩效进行分析和比较，可以识别出高效和低效的运作模式。这种细分评价方式有助于企业优化资源配置，提高整体运营效率。同时，通过与行业标杆进行对比，企业可以识别自身的优势与不足，从而制定更具竞争力的战略。

（三）财务绩效评价的重要性

财务绩效评价在现代企业管理中扮演着至关重要的角色。它不仅是衡量企业财务状况和运营效率的工具，更是企业制定战略规划和优化资源配置的科学依据。通过准确的财务绩效评价，企业管理层能够识别资源分配中的不合理之处，从而调整策略以提高整体运营效率。这一过程不仅提高了企业的内部管理水平，还在一定程度上推动了企业的战略目标实现，为企业在市场竞争中赢得先机提供了有力支持。

系统的财务绩效评价还能够帮助企业识别潜在的财务问题，增强财务健康状况，确保企业的可持续发展。通过定期的财务分析，企业可以及时发现财务结构中的潜在风险，采取相应措施进行调整和改善。这种预防性的管理方式不仅有助于企业规避财务危机，还能增强其在市场中的抗风险能力，从而为企业的长远发展奠定坚实的基础。

财务绩效评价为利益相关者提供了透明的信息，增强了企业的信任度。透明的财务信息披露能够提升投资者和客户的信心，促进良好的企业治理。投资者在了解企业财务状况后，能够更合理地评估投资风险和收益，从而作出更明智的投资决策。同时，客户对企业的信任度也会因其透明的财务状况而提高，这无疑有助于企业在市场中树立良好的信誉和形象。

在激烈的市场竞争中，财务绩效评价还为企业提供了与同行业竞争者的对比分析。这种横向比较帮助企业识别自身的优势和不足，推动持续改进和创新。通过与行业标杆的对比，企业可以发现自身在市场中的定位和竞争力，从而制定更具针对性的改进措施。这种持续的自我完善过程，不仅提升了企业的市场竞争力，也为企业的创新发展提供了源源不断的动力。

二、传统财务绩效评价理论

（一）平衡计分卡

平衡计分卡是一种综合性绩效管理工具，通过财务和非财务指标的结合，帮助企业在多个维度上评估绩效。这一工具的核心在于其多维度的评价体系，涵盖了财务、客户、内部流程以及学习与成长四个视角。这种多维度的视角不仅关注企业的财务表现，还将客户满意度、内部流程效率及员工成长纳入考量，形成一个全面的绩效评估框架。通过这种方式，企业能够更全面地理解自身的运营状况，识别出潜在的改进领域，从而在激烈的市场竞争中占据优势。

平衡计分卡强调战略目标的明确性，确保所有绩效指标与企业的长期战略目标紧密对接，以提升战略执行力。在实施过程中，企业需要明确其战略目标，并将其分解为具体的绩效指标。这些指标不仅要反映企业的短期运营成果，还需与长期战略目标保持一致。平衡计分卡帮助企业将战略目标转化为具体的行动计划，确保各个部门和员工的工作与企业的整体战略方向一致，从而提升战略执行的有效性。

平衡计分卡通过财务、客户、内部流程、学习与成长四个视角，提供全面的绩效评价框架，促进企业的全面发展。这四个视角相互补充，共同构成一个完整的绩效管理体系。财务视角关注企业的盈利能力和财务健康状况，客户视角关注客户满意度和市场份额，内部流程视角强调业务流程的效率和质量，学习与成长视角关注员工的能力提升和创新能力。通过这些视角的综合考量，企业能够实现全面、协调的发展。

平衡计分卡的实施促进了企业内部沟通与协作，通过共同的目标和指标，增强团队的凝聚力和向心力。在实施平衡计分卡时，企业需要建立一个清晰的沟通机制，确保各个部门和员工理解并认同企业的战略目标和绩效指标。这种共同的理解和认同促进了团队之间的协作，增强了员工的归属感和责任感，从而提高了整体的组织绩效。

（二）经济增加值法

经济增加值（Economic Value Added，EVA）作为一种衡量企业财务绩效的重要指标，强调企业在扣除资本成本后的实际盈利能力。通过这一指标，企业能够真实地反映其经济贡献，从而为管理层提供更为准确的财务信息。EVA不仅关注企业的盈利能力，更关注盈利的质量，确保企业在创造利润的同时，不忽视资本成本的影响。这一方法的核心在于帮助企业识别哪些活动真正为股东创造了价值，进而推动企业在复杂的市场环境中实现可持续发展。

EVA为管理层设定了一个明确且可追踪的财务目标，促使企业在资源配置和投资决策中追求超额收益。通过这一指标，企业能够更好地评估其在资本使用上的效率，从而增强财务可持续性。EVA的应用不仅局限于财务部门，还影响到企业的战略决策和运营管理。通过对EVA的关注，管理层更能激励员工朝着共同的目标努力，形成一种以价值创造为导向的企业文化。

EVA的计算方法相对简单明了，通过净营业利润减去资本成本，可以直观地评估企业的绩效。这一计算方法为管理层提供了一种快速识别财务健康状况的工具，便于及时调整经营策略。EVA的直观性和易于理解的特点，使其成为企业内部沟通和外部报告的重要工具。通过定期的EVA分析，企业能够在财务报告中提供更具透明度的信息，增加投资者和利益相关者的信心。

EVA不仅适用于整体企业绩效评价，也可以应用于各个业务单元和项目，以便于进行更精细化的财务分析和绩效管理。这一灵活性使EVA能够在多元化的企业结构中发挥作用，帮助管理层进行更为精准的资源分配和业绩考核。通过对各个业务单元的EVA分析，企业能够识别出不同部门的价值贡献，从而优化整体资源配置，提升企业的竞争力和市场地位。

（三）财务比率分析法

财务比率分析法作为一种传统的财务分析工具，通过计算和比较一系列财务比率，能够评估企业的财务健康状况。这种方法提供了企业盈利能力、偿债能力和营运效率的直观指标，使财务信息更加易于解读。财务比率分析法不仅能够体现企业的整体财务状况，还能揭示企业在不同财务领域的表现，帮助分析师和管理者洞察企业运营中的潜在问题和优势。这种方法的历史背景可以追溯到企业财务管理的早期发展阶段，其应用广泛且方法论成熟。

财务比率分析法不仅是一个评估工具，也是企业管理层识别财务优势和劣势的重要手段。通过对比和分析各项财务比率，管理者能够发现企业在不同运营环节中的表现差异，进而为制定改进策略和资源配置提供科学依据。这种分析不仅有助于提升企业的短期财务绩效，还能为企业的长期可持续发展奠定坚实基础。管理层可以借助财务比率分析法，制定更加精准的战略决策，优化企业资源的配置效率。

在企业的财务管理实践中，财务比率分析法不仅适用于整体财务绩效的评估，还可以进一步细化到各个部门和业务单元。这种细分分析能够帮助企业进行更为精准的绩效管理，识别各部门的运营效率和财务贡献度。通过这种方法，企业可以在内部建立起有效的绩效考核机制，促进各业务单元的良性竞争和协同发展，从而提高整体运营效率和财务表现。

（四）杜邦财务分析体系

在企业财务管理中，杜邦财务分析体系以其系统性和实用性被广泛应用。该体系通过将净资产收益率分解为多个关键财务比率，如利润率、资产周转率和财务杠杆，帮助企业识别影响财务绩效的核心因素。这种分解方法不仅揭示了各个财务指标的独立作用，还强调了它们之间的相互关系，使管理层能够更全面地了解企业的财务状况。这种深入的分析为企业的战略决策提供了有力支持，帮助企业在复杂多变的市场环境中保持竞争优势。

杜邦分析体系的另一个重要贡献在于其对财务指标之间关系的强调。通过这种方法，管理层可以更深入地洞察企业的财务健康状况，从而制定更为有效的战略决策。各个财务指标之间的相互作用揭示了企业运营的复杂性，使管理者能够识别潜在的财务问题，并采取相应的措施加以解决。这种全面的财务分析方法不仅提高了财务管理的准确性，也增强了企业在市场中的应变能力。

杜邦财务分析体系的灵活性使其不仅适用于整体企业的财务绩效评估，还可以细分到各个业务单元。这种分析能力促进了有针对性的管理和改进措施的制定，使企业能够在不同的业务领域保持财务健康。通过识别各个业务单元的财务表现，企业可以优化资源配置，提高整体运营效率。这种细致的分析方法为企业在竞争激烈的市场中提供了独特的竞争优势。

杜邦财务分析体系不仅是一个静态的财务评估工具，还是一种动态的绩效评价工具。随着企业运营环境的变化，该体系能够进行相应的调整，确保企业的财务健康和竞争力得以持续。这种动态适应性使杜邦分析在快速变化的市场环境中尤为重要，帮助企业及时调整战略以应对外部挑战。通过这种适应性分析，企业能够在保持财务稳健的同时，抓住市场机遇，实现可持续发展。

三、现代财务管理的价值创造导向

（一）财务管理与价值创造的关系

财务管理在企业运营中扮演着至关重要的角色，其核心在于通过有效的资源配置实现价值创造。财务管理通过优化资源配置，提高企业的运营效率，直接推动价值创造的过程。通过合理分配资金、精确预算编制及成本控制，企业能够在资源有限的情况下，实现最大的产出和效益。资源的优化配置不仅能对现有资源合理利用，还能通过财务分析和预测识别潜在的资源获取机会，以支持企业战略目标的实现。

有效的财务管理能够识别和降低财务风险，从而保护企业的资产并增强其市场竞争力。风险管理是财务管理的重要组成部分，通过评估和预测潜在的财务风险，企业可以采取预防措施，减少不确定性对企业经营的影响。财务管理不仅关注现有风险的管理，还注重未来风险的预测与规避。这种前瞻性的风险管理措施，能够有效保护企业资产，确保其在市场中的稳健运营，进而提升企业的市场竞争力。

财务管理通过制定和实施战略性财务决策，促进企业的长期可持续发展和价值增长。战略性财务决策包括资本结构优化、投资决策及收益分配政策等，这些决策直接影响企业的长期发展路径。通过合理的财务决策，企业能够在激烈的市场竞争中保持持续增长。财务管理不仅关注短期的财务表现，还注重企业的长期价值创造，确保企业在动态变化的市场环境中，实现可持续发展。

财务管理为利益相关者提供透明的财务信息，增强信任度，从而吸引投资并促进企业的价值提升。透明的信息披露是现代企业治理的重要原则之一，通过准确、及时的财务报告，企业能够向投资者、债权人及其他利益相关者展示其财务状况和经营成果。这种透明度不仅增强了利益相关者对企业的信任，还为企业吸引外部投资创造了良好的环境，进而促进企业的价值提升。

（二）实现价值创造的财务管理策略

在现代财务管理中，实现价值创造的策略至关重要。

制定基于数据分析的财务决策机制是其中的关键环节。通过实时监控财务指标，企业能够及时调整经营策略，以适应市场的动态变化。这种决策机制不仅提高了企业对市场变化的敏感度，还增强了企业的竞争力。在全球化的市场环境中，企业面临的不确定性因素增多，实时的数据分析能力成为企业保持竞争优势的重要手段。通过数据驱动的决策机制，企业可以更精准地预测市场趋势，优化资源分配，从而实现价值最大化。

加强财务团队的跨部门协作是实现价值创造的重要策略。财务管理不应孤立于企业的整体运营，而应与其他部门的目标保持一致。通过跨部门协作，企业能够确保资源的合理配置和使用，避免资源浪费，提高整体运营效率。财务团队与其他部门的协同合作，有助于形成统一的战略目标，推动企业在各个层面实现价值创造。这样的协作机制不仅促进了信息的共享和沟通，还提高了企业的决策效率和响应速度。

引入先进的财务科技工具是提高财务管理效率和准确性的有效手段。人工智能和大数据分析技术的应用，使财务预测更加精准，资源配置得到优化。这些科技工具能够处理大量的财务数据，帮助企业识别潜在的风险和机会，从而作出更明智的决策。通过科技的赋能，财务管理从传统的静态分析转向动态的实时分析，提高了企业对环境变化的适应能力。这种科技驱动的财务管理模式，将成为未来企业实现可持续发展的重要支撑。

建立动态的绩效评价体系是确保财务管理策略有效性的必要步骤。定期评估和反馈财务管理效果，使企业能够快速响应市场和内部环境的变化。这种动态的评价体系不仅能够识别出财务管理中的不足，还能为企业的持续改进提供方向。通过定期的绩效评估，企业可以不断优化其财务管理策略，确保其与市场需求和企业战略目标相一致。

（三）财务风险管理与价值保护

财务风险管理与价值保护在企业的可持续发展中扮演着至关重要的角色。企业面临的财务风险种类繁多，包括市场风险、信用风险、流动性风险等，这些风险如果未能得到有效管理，将可能对企业的财务稳定性和价值增长造成严重影响。因此，建立全面的财务风险识别机制至关重要。通过定期评估和监测财务指标，企业可以及时发现潜在的财务风险。这一过程不仅需要对财务数据进行深入分析，还要求企业具备敏锐的洞察力，以确保能够迅速采取有效的应对措施，保护企业的财务健康。

在财务风险管理中，灵活的风险应对策略是保护企业资产和利润的关键。企业可以采用多种手段，如风险转移、风险规避和风险控制，以应对不同类型的财务风险。风险转移可以通过保险等方式将部分风险转交给第三方，从而减轻企业的负担，风险规避则涉及对高风险活动的限制或避免，而风险控制则通过内部控制措施来降低风险发生的可能性和影响。这些策略的有效实施，能够在复杂多变的市场环境中，保障企业的财务稳健性和价值创造能力。

加强财务风险管理与企业战略的结合，是实现企业价值最大化和持续增长的关键步骤。财务决策不应孤立进行，而应与企业的整体战略目标保持一致。这种一致性能够确保企业在追求短期财务目标的同时，不偏离长期战略方向，从而实现财务绩效和战略目标的双赢。通过将财务风险管理嵌入企业战略规划，企业可以更加主动地应对外部环境变化，增强抵御风险的能力。

智能化技术和数据分析工具的应用，极大地提升了财务风险管理的精准性和实时性。现代企业借助大数据分析、人工智能和区块链技术，能够更快速地识别和评估财务风险。这些技术手段不仅提高了风险管理的效率，还帮助企业在复杂的市场环境中保持竞争优势。通过实时监控和动态调整风险管理策略，企业能够更加灵活地应对市场变化，确保财务稳定性和价值增长的可持续性。

第二节　数智化转型的理论框架

一、数智化转型的概念与驱动力

（一）数智化的定义

数智化是一个将数字技术与智能技术相结合的过程，其核心在于形成一个高效的信息处理和决策支持系统。通过自动化分析和处理大量数据，数智化能够为企业提供实时、准确的洞察力，从而支持企业在动态市场环境中作出更为明智的决策。数智化转型不仅是技术上的革新，更强调企业在运营过程中，通过数据驱动的洞察力来优化决策过程。智能算法和模型的应用，使企业能够在提高整体业务效率的同时，保持对市场变化的敏感性和响应速度。

数智化转型的一个重要方面在于企业文化和管理模式的变革。随着技术环境和市场需求的不断变化，企业需要在文化上更加开放和灵活，以适应数智化带来的挑战和机遇。这种转型涉及跨部门的协同工作，打破“信息孤岛”，确保各部门之间的信息共享和资源整合。这种协同不仅能提高企业内部的沟通效率，还能实现整体效益的最大化，从而在竞争激烈的市场中占据优势。

在数智化的实施过程中，企业需要具备一定的技术基础和人才储备。现代信息技术和数据分析工具的有效运用，是提升决策科学性和准确性的关键。企业需要培养和引进具备数据分析能力和技术敏感度的人才，确保在数智化转型的过程中能够顺利地过渡和实施。同时，企业还需不断更新和完善技术设施，以支持数智化转型的持续推进和深化发展。

（二）数智化转型的概念

数智化转型的概念是指企业在当今数字经济时代，通过应用数字技术和智能技术，提升其决策效率和业务流程的过程。在这一过程中，数据驱动的决策支持成为企业获取竞争优势的关键。数智化转型不仅是技术的更新换代，更是企业管理理念和模式的全面升级。企业需要在技术层面和管理模式上进行深刻变革，以应对快速变化的市场环境。这种转型不仅要求企业具备先进的技术能力，还需要企业在组织结构、文化和流程上进行相应的调整，以确保技术能够有效地支持业务目标的实现。

在数智化转型过程中，企业通过信息共享和资源整合，实现跨部门协作，打破“信息孤岛”。这种协作不仅能够提高企业内部的沟通效率，还能促进不同部门之间的资源共享，从而实现企业整体效益的提升。数智化转型强调信息的互联互通，使企业能够在更大范围内进行数据的收集和分析，以支持更为精准的决策。这一过程需要企业在数据管理和分析能力上进行持续的投入和优化，以确保信息的准确性和实时性。

数智化转型不仅关注技术的实施，还强调企业文化的变革。企业文化的变革是数智化转型成功的关键因素之一。通过培养适应新技术的组织氛围，企业能够更好地激励员工接受和应用新技术，增强员工的创新意识和能力。这一过程需要企业在文化建设上进行长期的投入和引导，以形成支持数智化转型的文化环境。企业文化的变革不仅能够提高员工的工作积极性，还能增强企业的凝聚力和竞争力。

数智化转型涉及对数据的自动化分析与处理，借助智能算法优化决策过程。这一过程通过对大量数据的实时分析，帮助企业快速识别市场变化和客户需求，提高业务运营的整体效率。智能算法的应用使企业能够在复杂的市场环境中作出更加准确和快速的决策，从而提高企业的响应速度和市场适应能力。

（三）数智化转型的驱动力

数智化转型的驱动力在于数字技术的迅猛发展，这一趋势极大地推动了企业在数据处理和分析能力上的提高。数字技术的普及和创新，使企业能够更高效地获取、处理和利用数据，这不仅是数智化转型的基础驱动力，也是企业提升核心竞争力的重要手段。通过增强数据处理能力，企业可以更精准地进行市场分析、产品创新和客户服务，从而在激烈的市场竞争中占据有利位置。数字技术的发展，使企业能够在更短的时间内作出更明智的决策，提高了企业的整体运营效率和市场响应速度。

市场竞争的加剧同样是推动数智化转型的重要因素。面对全球化和信息化带来的竞争压力，企业迫切需要寻找创新的方法来提高效率和降低成本。数智化转型为企业提供了一个有效的解决方案，通过优化业务流程、提高生产效率和减少资源浪费，企业能够在竞争中保持领先地位。数智化转型不仅帮助企业在成本控制上取得突破，还能通过创新的商业模式和服务方式，拓展新的市场和客户群体。这种变革不仅是企业生存和发展的需要，也是提升行业整体竞争力的关键。

客户需求的多样化和个性化趋势，要求企业具备更高的灵活性和响应能力。数智化转型使企业能够通过精准的数据分析和智能化的客户关系管理系统，及时捕捉和响应客户的个性化需求，提升客户体验和满意度。通过数智化手段，企业可以实现从产品设计、生产到销售和售后服务的全流程优化，提供更具个性化和差异化的产品和服务。这种能力不仅增强了客户的忠诚度，也为企业带来了更多的市场机会和增长空间。

政策法规的变化和行业标准的提升，促使企业必须进行数智化转型。随着全球范围内对数据安全、隐私保护和合规要求的不断提高，企业需要通过数智化手段来确保合规性，并保持竞争优势。数智化转型不仅帮助企业满足日益严格的法规要求，还能通过提升数据透明度和可追溯性，加强企业的风险管理和内部控制能力。这种合规驱动的转型，既是企业长期健康发展的保障，也是增强企业社会责任感的重要体现。

人才的短缺和技能要求的提升，是数智化转型的一个重要驱动力。随着数字化和智能化技术的广泛应用，企业对具备相关技能的人才需求急剧增加。为了吸引和培养具备数字化和智能化能力的人才，企业需要加大对数智化转型的投资。通过构建完善的数智化平台和学习体系，企业不仅可以提高员工的工作效率和创新能力，还能打造一个充满活力和竞争力的组织文化。这种以人为本的转型策略，不仅提升了企业的人才竞争力，也为企业的可持续发展奠定了坚实的基础。

二、数智化转型的关键技术

（一）大数据技术

大数据技术在企业财务数智化转型中扮演着至关重要的角色。它通过对海量数据的收集和存储，确保企业能够获取全面的财务信息。这种全面性为绩效评价提供了坚实的数据基础，使企业能够在数据的支持下进行更加科学的决策。通过大数据技术，企业不仅能获取实时的财务数据，还能对这些数据进行深度分析，从而识别出潜在的财务趋势和异常。这种能力极大地提升了企业决策的及时性和准确性，使企业能够在瞬息万变的市场环境中保持竞争优势。

大数据分析工具的应用使企业能够实时处理和分析财务数据，这在企业财务管理中具有重要意义。通过这些工具，企业可以快速识别出财务趋势和异常，及时调整策略，避免潜在风险的积累。此外，大数据技术还支持预测分析，企业可以通过对历史数据的挖掘和模型构建，预判未来的财务表现。这种能力不仅有助于优化资源配置，还能为企业的战略规划提供科学依据，确保企业在未来发展中占据有利位置。

在数智化转型过程中，大数据技术的一个重要贡献是促进数据可视化。通过将复杂的财务信息转化为直观的图表和报告形式，大数据技术增强了管理层对财务绩效的理解和沟通能力。这样的可视化工具不仅提高了财务报告的可读性，还能帮助管理层更好地把握企业的财务状况，作出更为明智的决策。

（二）区块链技术

区块链技术作为数智化转型的关键技术，以其独特的特性在企业财务管理中发挥着重要作用。区块链技术能够确保财务数据的透明性与不可篡改性，这一特性极大地提升了企业财务绩效评价的可信度。在传统的财务管理系统中，数据的篡改和不透明问题时有发生，影响了财务报告的公正性和准确性。然而，区块链技术通过其分布式账本和加密算法，确保了数据一旦被记录便无法被篡改，从而为企业的财务数据提供了坚实的保障。

区块链技术通过智能合约的应用，可以实现财务流程自动化，显著减少人为错误和操作风险。智能合约是一种嵌入区块链中的自动化协议，它能够在预设条件满足时自动执行相关操作。这种自动化的特性不仅提高了财务数据处理的效率，还减少了人工干预的需求，降低了因人为因素导致的错误风险。在财务结算、审计和报告等环节中，智能合约的应用能够确保流程的高效性和准确性，为企业节省了大量的时间和人力成本。

区块链技术支持实时数据共享，使不同部门和利益相关者能够即时获取最新的财务信息，增强了决策的及时性。在传统的财务管理中，数据的传递和共享往往需要经过多个环节，导致信息的滞后和不对称。然而，区块链技术通过其去中心化的网络结构，实现了数据的实时共享和同步，确保所有相关方都能在第一时间获取最新的财务数据。这种即时性的信息共享为企业的战略决策提供了及时、准确的依据，提升了企业的市场反应能力。

区块链技术为企业提供了一种去中心化的数据管理方式，降低了对传统中介的依赖，优化了财务资源的配置和使用。在传统的财务管理中，企业往往依赖第三方中介机构进行数据验证和交易结算，这不仅增加了成本，还可能引发信任危机。区块链技术通过其分布式账本和共识机制，实现了数据的自主管理和验证，减少了对中介的依赖。这种去中心化的特性不仅降低了成本，还提高了数据管理的安全性和效率，为企业的财务管理带来了新的变革。

（三）物联网技术

物联网技术作为数智化转型中的核心支柱，正在深刻改变企业的财务管理方式。利用物联网技术，企业可以通过实时数据采集和监控，获取动态的财务信息。这种实时性的数据流不仅支持企业在复杂多变的市场环境中作出及时、准确的决策，还为财务风险管理提供了新的视角和方法。通过物联网设备的广泛应用，企业能够在第一时间捕捉到市场变化和内部运营状况，从而在决策制定过程中具备前所未有的灵活性和精准度。

物联网设备的自动化功能使财务数据的记录和传输变得更加高效。自动记录和传输财务相关数据，不仅减少了人工干预的必要性，还显著提高了数据准确性和处理效率。通过减少人为错误和数据延迟，企业能够更快速地进行财务分析和报告生成，从而优化财务运营流程。这种效率的提高对于企业在竞争激烈的市场中保持财务健康和可持续发展至关重要。

物联网技术促进了企业设备和资产的智能管理。通过实时跟踪资产使用情况，企业可以优化资源配置，减少闲置和浪费。这种智能管理不仅提高了设备的使用效率，还降低了运营成本，为企业创造了更多的价值。通过对资产的实时监控，企业能够及时进行维护和更新，延长设备使用寿命，确保生产的连续性和稳定性。

物联网技术的应用使企业能够实现财务数据的全面集成。通过增强不同系统之间的信息共享与协调，企业可以提高整体财务管理效率。这种数据集成能力使企业能够打破“信息孤岛”，实现跨部门、跨系统的财务信息流动和共享，为战略决策提供全面、准确的数据支持。通过这种协同效应，企业在数智化转型的过程中，能够更好地应对市场变化，提升竞争力。

（四）人工智能技术

人工智能技术在现代企业的财务管理中扮演着至关重要的角色。通过机器学习和数据挖掘，人工智能能够自动识别和分析财务数据中的潜在模式。这种能力不仅提升了财务绩效评价的准确性，也提高了效率。例如，机器学习算法可以快速处理大量的财务数据，识别出难以察觉的趋势和异常，从而为企业提供更为可靠的财务分析。这种技术的应用，使企业能够在激烈的市场竞争中保持优势，确保财务决策的科学性和前瞻性。

利用自然语言处理技术，人工智能可以对财务报告和市场信息进行自动化分析。通过解析大量的文本数据，人工智能能够帮助企业快速获取有价值的洞察。这种技术的应用，不仅简化了信息处理的流程，还提高了信息获取的速度和准确性。企业管理者可以通过这些洞察，及时调整战略方向和决策，确保企业在复杂多变的市场环境中保持灵活性和适应性。这一技术的进步，标志着企业信息化管理进入了一个新的阶段。

人工智能技术在财务预测中的应用不可忽视。通过算法模型分析历史数据，人工智能能够提供更为精准的财务趋势预测。这种预测能力，帮助企业在资源配置上作出更为科学的决策，优化财务管理流程。智能化的财务预测不仅提高了企业的资源利用效率，还降低了财务风险。企业借助这一技术，可以更好地应对市场变化，制定出符合自身发展的战略规划。

人工智能驱动的自动化财务机器人是现代财务管理的一大创新。它们能够处理重复性财务任务，减少人工干预，提高工作效率。这种自动化的实现，让财务团队可以将更多的精力投入战略性决策和价值创造中。财务机器人的应用，不仅降低了人工成本，还提高了数据处理的精确度和一致性。

三、数智化转型的管理决策模式

（一）经验驱动向数据驱动转变的原因

在现代企业管理中，数据驱动的决策模式逐渐取代了传统的经验驱动模式。这一转变的原因在于，数据驱动的决策能够显著提高决策的准确性，减少人为偏见和错误。在复杂多变的市场环境中，企业面临着快速变化的市场需求和竞争压力，传统的经验判断往往难以应对。而数据驱动的决策则通过基于大量数据的分析，提供更为科学的选择，确保企业能够在复杂环境中作出明智的决策。

随着信息技术的飞速发展，全球范围内的数据量呈爆炸式增长。传统的经验管理方式在面对海量信息时显得力不从心，难以有效处理和分析。而数据驱动的方法通过先进的数据分析技术和工具，能够有效应对这一挑战，挖掘出数据中隐藏的潜在价值。通过对海量数据的分析，企业能够识别出新的市场机会，优化资源配置，从而提升整体竞争力。

数据分析工具的不断进步，使企业能够进行实时监控和分析，这为企业在动态市场中迅速响应变化提供了可能。过去，企业通常依赖于事后分析来进行决策，而现在，实时数据分析使企业能够在市场环境发生变化的第一时间作出响应。这种快速反应能力不仅增强了企业的竞争优势，也为企业的可持续发展提供了坚实的基础。

数据驱动的决策模式促进了企业内部的跨部门协作。通过共享数据和信息，各部门能够更好地协同工作，提高了组织整体的决策效率与执行力。在数据驱动的环境下，企业各部门之间的信息壁垒被打破，数据的共享和透明化使各部门能够在统一的信息基础上进行决策。这种协同效应不仅提高了企业的运营效率，也为企业的创新发展提供了新的动力。

（二）数据驱动决策的核心要素

在数智化转型的管理决策模式中，数据驱动决策的核心要素是企业实现智能化管理的关键。数据质量管理是数据驱动决策的基础，确保数据的准确性、完整性和一致性是提升决策可靠性的前提条件。高质量的数据能够为企业提供坚实的决策依据，避免因数据错误导致的战略偏差。通过严格的数据质量管理，企业可以在复杂的市场环境中保持竞争优势，确保每一个决策都建立在可靠的数据基础上，从而提高整体决策的科学性和有效性。

数据分析能力是实现数据驱动决策的关键。企业需要具备强大的数据处理和分析工具，以从海量数据中提取有价值的信息。现代企业在面对海量数据时，单靠人力已无法有效处理，因此，利用先进的数据分析技术，如机器学习和人工智能算法，可以帮助企业从中挖掘潜在的商业机会和风险预警。通过提升数据分析能力，企业能够更好地理解市场趋势和消费者行为，从而制定出更具前瞻性的战略决策，提高市场的应对能力。

跨部门协作与信息共享是数据驱动决策的重要保障。打破“信息孤岛”，促进不同部门之间的数据流动与合作，是企业实现高效管理的关键。各部门之间的信息共享能够避免重复劳动，提高资源利用效率，同时促进企业内部的协同创新。通过建立有效的跨部门协作机制，企业能够确保各个部门在决策过程中都能获得所需的信息，从而实现信息的最大化利用，提高企业整体的决策水平和市场竞争力。

实时数据监控与反馈机制能够增强决策的灵活性，使企业能够迅速适应市场变化，及时调整战略和运营策略。在快速变化的市场环境中，实时数据监控可以为企业提供及时的市场动态和运营状况反馈，帮助管理层迅速作出反应。通过建立完善的反馈机制，企业能够在决策实施过程中不断优化和调整策略，以应对外部环境的变化，确保企业始终处于市场竞争的有利位置。

（三）经验驱动向数据驱动转变的实现策略

在现代企业的数智化转型过程中，从经验驱动到数据驱动的转变是一个关键步骤。制定明确的数据驱动转型战略是实现这一转变的基础。该战略需要得到高层管理层的全力支持和积极参与，以确保在企业文化和业务流程上进行必要的变革。高层管理者的支持不仅能够为数据驱动战略的实施提供强有力的保障，还能在全公司范围内建立起以数据为中心的文化氛围。这种文化转变能够帮助企业在激烈的市场竞争中占据优势地位，并为未来的发展奠定坚实的基础。

一个成功的数据驱动转型战略需要建立全面的数据基础设施。数据基础设施的建设包括数据的收集、存储和分析平台的搭建，这些平台必须能够确保数据的可用性和准确性。只有在可靠的数据基础上，企业才能够作出明智的管理决策。数据基础设施的完善不仅能够提高企业的决策效率，还能为企业的创新提供源源不断的动力。通过对数据的深入分析，企业能够更好地理解市场趋势和客户需求，从而在竞争中保持领先地位。

在数据驱动的决策过程中，培养数据分析人才和团队是不可或缺的一环。提升员工的数据素养和分析能力，确保各部门能够有效利用数据进行决策，是企业实现数智化转型的重要保障。通过系统的培训和教育，企业可以建立起一支具备高水平数据分析能力的团队。这不仅有助于提高企业内部的决策效率，还能够推动企业在数据分析领域的创新和发展。数据分析团队的建设将为企业在未来的市场竞争中提供强有力的支持。

为了确保数据驱动决策的有效性，企业需要实施数据驱动决策的反馈机制。定期评估决策效果并及时调整策略，是促进持续改进和优化管理流程的关键。通过反馈机制，企业可以识别出决策中的不足，并进行相应的调整。这种动态的调整过程能够帮助企业在不断变化的市场环境中保持灵活性和适应性。

第三节　智能决策技术的理论支撑

一、智能决策技术的概念与分类

（一）智能决策技术的定义

智能决策技术是指利用先进的算法和数据分析工具，自动化处理和分析信息，以支持决策制定的技术体系。它通过整合多种技术手段，旨在提升决策过程的效率和准确性。在现代企业管理中，智能决策技术的应用日益广泛，为企业在复杂多变的市场环境中提供了强有力的支持。这一技术体系的核心在于其能够自动化地处理大量数据，从中提取有价值的信息和洞察，帮助决策者作出更为理性的选择。

智能决策技术通过机器学习和人工智能算法，能够从历史数据中识别模式和趋势，为决策者提供数据驱动的洞察。这些算法能够在海量数据中发现隐藏的关系和规律，使企业能够更好地预测市场走向和消费者行为。通过对历史数据的深入分析，智能决策技术可以帮助企业识别潜在的风险和机遇，从而制定更为精准的战略规划。数据驱动的洞察不仅提高了决策的科学性，还增强了企业在市场竞争中的优势。

智能决策技术可以集成多种数据源，确保信息的全面性和准确性，从而增强决策的科学性和可靠性。在传统决策模式中，信息的获取往往受到时间和空间的限制，而智能决策技术则通过集成内外部数据源，打破了这一限制。通过多维度的数据融合，企业可以获得更加全面和准确的市场信息，从而作出更为科学的决策。这种信息的全面性不仅提高了决策的质量，也为企业的战略实施提供了坚实的基础。

智能决策技术支持实时数据分析，使企业能够快速响应市场变化，提升决策的灵活性和适应性。在快速变化的市场环境中，企业需要具备快速响应和调整的能力。智能决策技术通过实时数据分析，帮助企业及时捕捉市场动态，迅速作出反应。实时分析不仅能够提高企业的应变能力，也为企业的创新和发展提供了动力。这种灵活性和适应性是企业在激烈竞争中立于不败之地的重要保障。

（二）智能决策技术的主要类型

智能决策技术不仅提高了决策的精准性和效率，还为企业在快速变化的市场环境中提供了强有力的支持。机器学习技术通过算法模型自动从历史数据中学习和优化决策过程。这一技术能够处理大量复杂的数据集，识别出隐藏的模式和趋势，从而在决策中提供更为准确的预测和建议。通过不断的迭代和学习，机器学习技术可以适应动态变化的市场环境，帮助企业作出更明智的决策。

自然语言处理技术是智能决策技术中的重要类型。它利用语言处理算法分析和理解文本数据，为决策提供基于语言的洞察和建议。这项技术可以从海量的文本数据中提取有价值的信息，并将其转化为可操作的决策依据。在企业财务管理中，自然语言处理技术能够帮助分析财务报告、市场评论以及客户反馈，进而为企业的战略决策提供支持。这种技术的应用不仅提高了信息处理的效率，还增强了决策的科学性和客观性。

决策树技术通过构建决策树模型，系统化地分析不同变量对决策结果的影响。这种技术帮助决策者进行可视化的选择，使复杂的决策过程变得更加直观和易于理解。决策树技术在企业财务数智化绩效评价中，能够有效地识别关键因素，评估不同决策路径的潜在影响，进而优化资源配置和风险管理。这种技术的应用，使企业能够在多变的市场环境中保持竞争优势。

优化算法在智能决策技术中扮演着解决资源配置和调度问题的重要角色。通过应用数学优化技术，企业可以在决策过程中实现最优解。优化算法可以帮助企业在资源有限的情况下，最大化产出和效益。例如，在供应链管理中，优化算法能够有效地安排生产计划和物流调度，降低成本，提高效率。通过优化算法的应用，企业能够在复杂的决策环境中，寻求最佳的解决方案，从而提升整体运营绩效。

预测分析技术基于历史数据和统计模型，预测未来趋势和结果。这种技术帮助企业在决策中提前识别潜在机会和风险，增强了决策的前瞻性和准确性。通过对市场变化的敏锐洞察和预判，预测分析技术使企业能够在激烈的市场竞争中抢占先机。无论是产品开发、市场营销，还是财务规划，预测分析技术都为企业提供了重要的战略支持，帮助其在不确定的环境中实现可持续发展。

二、智能决策技术的原理与方法

（一）机器学习与智能决策

机器学习作为智能决策技术的核心组成部分，其在智能决策中的应用尤为关键。机器学习通过模式识别和数据挖掘，能够自动化分析历史财务数据，识别出潜在的财务趋势和异常情况。这种分析能力使企业能够在数据的海洋中提取出有价值的信息，为决策提供坚实的基础。通过对历史数据的深入挖掘，机器学习帮助企业识别出财务活动中的规律和异常，进而制定更为精准的决策策略。这不仅提高了财务管理的科学性，也增强了企业应对市场变化的敏捷性。

机器学习算法的自我优化能力是其在智能决策中广受青睐的重要原因之一。随着新数据的不断涌入，机器学习算法能够自动调整自身的模型参数，提高预测的准确性和决策的有效性。这种自适应能力使决策系统在面对复杂多变的商业环境时，能够保持持续的优化状态。通过不断学习和自我调整，机器学习算法帮助企业在动态环境中保持竞争优势，确保决策的及时性和有效性，从而实现更高的财务绩效。

实时决策是现代企业在瞬息万变的市场环境中取得成功的关键。机器学习技术支持实时决策，使企业能够快速处理动态变化的市场信息，并在必要时迅速作出反应。通过实时分析和处理来自各个渠道的数据，机器学习帮助企业在竞争激烈的市场中保持灵活性和反应速度。这种能力不仅提升了企业的市场竞争力，也为其在全球化背景下实现可持续发展提供了有力支持。

（二）深度学习与智能决策

在智能决策技术的理论支撑中，深度学习与智能决策的结合成为现代企业财务管理的重要工具。深度学习技术依托复杂的神经网络模型，能够处理和分析大量的财务数据。这些模型通过自动识别潜在的财务趋势和异常情况，显著增强了财务决策的准确性。与传统的数据分析方法相比，深度学习能够更有效地捕捉数据中的非线性关系，提升了决策的科学性和可靠性。这种技术的应用不仅局限于数据处理，还能为企业提供更为全面的财务洞察。

深度学习在财务预测中的广泛应用，进一步彰显了其在智能决策中的重要性。通过对历史数据的深度挖掘，深度学习技术能够构建出精准的财务预测模型。这些模型为企业提供了未来财务表现的科学依据，帮助管理层制定更为合理的财务战略。深度学习的预测能力不仅体现在短期的财务指标上，还能为长期的财务规划提供支持。这种能力使企业能够在动态的市场环境中保持竞争优势。

深度学习技术支持非结构化数据的分析，这在现代财务管理中尤为重要。财务报告和市场评论等非结构化数据蕴含着大量有价值的信息。通过深度学习的自然语言处理能力，企业能够从中提取出关键的财务信息，辅助决策制定。这种能力使企业在面对海量信息时，能够快速识别出对决策有影响的因素，提高了财务管理的效率和效果。

深度学习技术的一个显著特点是其自我学习与优化能力。随着数据的不断更新，深度学习模型能够自我调整和优化，增强预测能力和决策效果。这种自适应性使企业的决策系统能够更好地适应快速变化的市场环境。通过持续地学习和改进，深度学习技术不仅提高了当前的决策水平，还为未来的财务管理奠定了坚实的基础。

（三）预测分析与智能决策

预测分析与智能决策在现代企业管理中扮演着至关重要的角色。预测分析技术通过利用历史数据和统计模型，能够识别财务数据中的潜在趋势和模式。

这一技术为企业提供了科学的财务决策支持，使企业在复杂多变的市场环境中，能够基于数据驱动的洞察作出明智的决策。通过对大量历史数据的分析，企业可以识别出影响财务表现的关键因素，从而在战略规划中采取更具针对性的措施。这种数据驱动的决策方式不仅提高了企业的决策质量，也增强了其在市场中的竞争力。

通过实时数据监控，预测分析技术能够及时更新财务预测，帮助企业快速适应市场变化，提高决策的灵活性和响应速度。在快速变化的商业环境中，企业面临的不确定性因素不断增加，传统的决策方法往往难以应对。而预测分析技术的应用，使企业能够在变化来临之前进行及时的调整和优化，确保财务决策的前瞻性和适应性。这种动态的决策能力使企业在面对市场波动时，能够更从容地应对各种挑战，从而在激烈的市场竞争中占据优势地位。

预测分析在风险管理中同样发挥着重要作用。通过识别潜在的财务风险，企业能够制定有效的应对策略，保障财务稳健性。风险管理是企业管理中的关键环节，预测分析技术通过对风险因素的深入分析，为企业提供了全面的风险评估和预测。这使企业能够在风险发生之前采取预防措施，降低风险对企业财务的负面影响。通过有效的风险管理，企业不仅能够保障财务的稳健性，还能在风险中寻找机遇，实现更高的财务绩效。

利用预测分析，企业可以优化资源配置，提升投资回报率，确保财务决策的科学性和有效性，推动整体绩效的提升。资源配置的优化是企业实现高效运营的基础，预测分析通过对市场和财务数据的深入分析，帮助企业识别最优的资源配置方案。这不仅提高了企业的运营效率，也显著提高了投资回报率。通过科学的财务决策，企业能够在资源有限的情况下，最大化地实现绩效目标，推动企业的可持续发展。

三、智能决策技术的支撑体系

（一）数据资源管理

数据资源管理在智能决策技术中扮演着至关重要的角色。建立统一的数据标准和规范是数据资源管理的核心任务，这不仅有助于确保各类财务数据的格式、结构和定义的一致性，还能显著提高数据的可用性和准确性。通过制定和实施统一的数据标准，企业可以在不同部门和系统之间实现数据的无缝对接，避免因数据不一致而导致的“信息孤岛”现象，从而为智能决策提供可靠的数据基础。

实施数据清洗和预处理流程是保障数据质量的关键步骤。在收集财务数据的过程中，难免会遇到冗余和错误数据，这些问题如果不加以解决，会直接影响后续的分析结果。通过系统的清洗和预处理，企业能够确保数据的准确性和完整性，消除潜在的错误，从而大幅提升分析的可靠性。这一过程不仅提高了数据的质量，还为智能决策的有效性提供了坚实的保障。

构建高效的数据存储和管理系统是数据资源管理的重要组成部分。采用云计算和大数据技术，可以确保企业灵活地存储和快速访问海量财务数据。在云计算的支持下，企业能够实现数据的实时存取，支持快速决策和响应市场变化。这种灵活性和高效性使企业在面对复杂的财务环境时，能够作出更为精准和及时的决策，从而增强市场竞争力。

数据安全与隐私保护是数据资源管理不可或缺的一环。随着企业对数据依赖程度的增加，财务数据的安全性成为企业关注的重点。通过加强数据安全与隐私保护措施，企业可以有效防止数据泄露和滥用，维护企业的信誉和利益。这不仅涉及数据在存储过程中的加密和访问控制，还包括传输过程中的安全保障，确保财务数据在整个生命周期中的安全性。

（二）模型库与知识库建设

在智能决策技术的支撑体系中，模型库与知识库的建设是关键环节。模型库的构建需要涵盖多种财务决策模型，包括预算编制、财务预测和投资评估等。这些模型的多样性能够满足不同场景下的智能决策需求，提供灵活的工具以应对复杂的财务环境。在构建过程中，模型库的设计应考虑模型的适用性和扩展性，以便在企业财务管理的各个层面上发挥最大效用。通过整合多种模型，企业可以在预算编制中实现更高的精确度，财务预测方面获得更为可靠的数据支持，并在投资评估中作出更具前瞻性的决策。

建立知识库则是一个重要任务，它旨在系统化整理与财务决策相关的行业知识、最佳实践和经验教训。这一过程不仅需要对现有的行业标准进行全面梳理，还需关注最新的市场动态和技术发展。知识库的建设为决策者提供了一个丰富的参考平台，使他们能够在决策过程中借鉴成功经验，避免常见的失误，从而提升决策的科学性和有效性。通过对行业知识的系统化整理，企业可以在复杂多变的市场环境中更从容地进行财务规划和战略调整。

为了确保模型库和知识库的内容始终与市场变化和技术进步保持一致，定期更新是必不可少的。这不仅包括对最新财务模型的引入和优化，还涉及对行业知识和实践经验的及时补充。通过这种动态更新机制，企业能够迅速适应新的财务环境和挑战，保持竞争优势。更新的频率和深度应根据市场变化的速度和技术发展的前沿程度来决定，以确保企业在财务决策中始终掌握最新的信息和工具。

（三）决策支持系统的架构

在智能决策技术的支撑体系中，决策支持系统的架构扮演着至关重要的角色。决策支持系统的架构设计需要具备实时数据处理能力。这一能力的实现，使系统能够快速响应市场变化和企业内部需求，从而确保决策的及时性和准确性。在现代企业环境中，市场变化频繁且复杂，决策支持系统的实时性不仅提高了企业的反应速度，还增强了其在竞争中的适应能力。这种架构设计不仅是技术上的要求，还是企业在数据驱动决策中取得成功的基础。

决策支持系统的架构需要集成多种数据源，以确保不同部门和业务单元的数据能够无缝连接与共享。这样的设计能够提升信息的全面性和一致性，使企业在进行决策时，能够基于完整而准确的数据进行分析和判断。数据源的多样性和集成性，意味着企业可以打破“信息孤岛”，实现跨部门的数据协同，从而在决策过程中获得更为全面的视角。这种数据整合能力，是现代企业实现高效管理和精准决策的关键。

决策支持系统的智能分析模块是其架构中的核心部分。利用机器学习和人工智能算法，系统能够自动识别数据中的模式和趋势，从而提供数据驱动的决策建议。这种智能分析能力，使企业能够从海量数据中提取有价值的信息，为决策提供科学依据。通过对数据的深入分析，企业可以更好地预测市场趋势、识别潜在风险，并制定相应的策略。这种数据分析的智能化，为企业决策的科学性提供了强有力的支撑。

（四）智能决策技术的安全保障

智能决策技术的安全保障是企业财务数智化过程中至关重要的环节。随着信息技术的快速发展，企业在应用智能决策技术时面临着越来越多的安全挑战。智能决策技术的安全保障不仅涉及技术层面的防护措施，还包括管理制度的完善和人员的安全意识提升。企业需要从多个角度出发，构建一个全面的安全保障体系，以确保智能决策过程中的数据安全和系统稳定性。通过对安全保障的深入研究，可以有效降低智能决策技术在应用过程中的安全风险，提升企业在市场竞争中的优势。

建立严格的用户权限管理体系是智能决策技术安全保障的基础。通过精细化的权限管理，企业能够确保只有经过授权的人员可以访问和操作财务决策支持系统中的敏感数据，从而降低数据泄露的风险。在企业的日常运营中，权限管理需要动态调整，以适应组织结构的变化和人员的流动。此外，企业还应定期审核权限分配情况，确保权限设置的合理性和有效性。通过建立健全用户权限管理体系，企业可以有效保护财务数据的机密性和完整性，提高智能决策系统的安全水平。

实施数据加密技术是确保财务数据安全性的关键措施之一。在数据存储和传输过程中，应用先进的数据加密技术可以有效防止未授权访问和数据篡改，从而保障数据的机密性和完整性。企业应根据自身的业务需求和安全要求，选择合适的加密算法和加密策略，以实现数据的全面保护。此外，企业还需定期更新加密技术，跟进技术发展的最新动态，确保加密措施的有效性。通过实施数据加密技术，企业可以大幅提升智能决策技术应用中的数据安全性。

定期进行安全审计和风险评估是保障智能决策技术安全性和可靠性的重要手段。通过安全审计，企业能够及时识别和修复系统中的安全漏洞，防止潜在威胁的发生。风险评估则帮助企业全面了解智能决策系统面临的安全风险，并制定相应的防范措施。企业应建立一套完善的安全审计和风险评估机制，定期对系统进行检查和评估，确保智能决策技术的安全性和稳定性。通过这些措施，企业能够有效提升智能决策技术的应用安全性。

四、智能优化算法与动态决策模型

（一）智能优化算法的种类与原理

智能优化算法在现代企业财务决策中扮演着至关重要的角色。这些算法通过数学模型和计算方法，帮助企业在复杂的财务环境中寻找最优解，特别是在资源配置和成本控制方面，显示出其独特的优势。智能优化算法的种类繁多，每种算法都有其独特的原理和应用场景。例如，遗传算法是一种基于自然选择和遗传学原理的优化方法，能够通过模拟生物进化过程来寻找最优解。其适合解决复杂的财务规划问题，尤其是在需要处理多目标和多约束的情况下，表现出色。

遗传算法的运行机制类似生物界的自然选择过程。通过选择、交叉和变异等操作，遗传算法能够在解空间中不断进化，最终找到问题的最优解。这种方法特别适合于财务规划中的复杂问题，因为它能够有效地探索广阔的解空间，并在处理非线性和多峰问题时表现出强大的适应能力。遗传算法在财务决策中的应用，能够帮助企业在不确定的市场环境中制定更为稳健的战略。

粒子群优化算法则模拟鸟群觅食的行为，通过个体间的信息共享和协作，能够快速收敛到最优解。这种算法在动态财务环境下的决策优化中表现得尤为突出。粒子群优化算法通过群体智能的方式，利用个体之间的信息交换和协同作用，能够在复杂的财务环境中快速找到最优解。其高效的计算能力和快速的收敛速度，使其成为解决动态财务决策问题的理想选择。

模拟退火算法通过模拟物理退火过程，在解空间中进行随机搜索，以避免陷入局部最优解。该算法在财务数据分析中的复杂优化问题中，展示了其独特的优势。模拟退火算法通过控制温度的逐渐降低，使解空间的探索从全局搜索逐渐转向局部搜索，从而提高了找到全局最优解的概率。这种特性使其在处理财务数据分析中的复杂优化问题时，能够有效避免局部最优解的困扰。

蚁群算法则通过模拟蚂蚁觅食的行为，利用信息素的更新机制实现群体智能，能够有效解决财务调度和资源分配中的优化问题。蚁群算法通过个体之间的信息素传递和路径选择，能够在复杂的优化问题中找到最优解。其在财务调度和资源分配中的应用，能够帮助企业在资源有限的情况下，制订出最优的调度和分配方案，提高资源利用效率。

（二）动态决策模型的构建与求解

在现代企业管理中，动态决策模型的构建与求解是实现智能决策的关键环节。动态决策模型需要基于实时数据输入，以确保在不断变化的市场环境中，企业能够快速调整决策策略，提高响应速度和准确性。这种实时数据的应用不仅可以为企业提供最新的市场动态，还可以帮助企业在面对突发事件时，迅速制定出合理的应对策略，从而在竞争中占据主动地位。通过动态决策模型，企业能够在瞬息万变的市场中保持灵活性和敏捷性，及时捕捉市场机遇。

构建动态决策模型时，必须考虑多种场景和变量的影响，以确保模型的灵活性和适应性。这意味着在模型设计阶段，必须充分识别和分析可能影响决策的各种因素，包括市场需求变化、政策法规调整、技术进步等。通过对这些因素的全面分析，企业可以开发出能够适应不同情境的决策模型，确保在复杂的财务决策环境中，企业始终能够作出最优选择。灵活的动态决策模型不仅能够提高企业的决策质量，还能有效降低决策风险。

为了实现资源配置的最优解，动态决策模型应集成智能优化算法。这些算法能够在海量数据中挖掘出潜在的规律和趋势，为企业的财务管理提供科学的决策依据。通过智能优化算法，企业可以在资源有限的情况下，实现资源的最优配置，最大限度地提高财务管理的效率和效益。这种智能化的资源配置方式，不仅能够降低企业的运营成本，还能提升企业的市场竞争力，为企业的长远发展奠定坚实的基础。

在动态决策模型的求解过程中，采用迭代优化的方法是确保决策结果科学性和合理性的有效途径。通过不断更新和调整模型参数，企业能够在动态环境中持续优化决策过程，确保每一次决策都基于最新的数据和信息。迭代优化不仅可以提高决策的准确性，还能在不断变化的市场中保持决策的前瞻性和创新性。企业通过这种方法，可以不断提升自身的决策能力，增强市场适应力和竞争力。

（三）智能优化算法在决策优化中的应用

智能优化算法在现代企业财务管理中发挥着至关重要的作用。通过模拟和优化历史数据，这些算法能够帮助企业识别最佳投资组合，从而提高资本使用效率。在财务资源配置中，智能优化算法不仅能够分析多种投资方案，还可以通过对比不同的投资回报率和风险水平，帮助企业制定科学的投资决策。这种优化过程不仅提高了企业的资金使用效率，还有效降低了投资风险，为企业的长期发展奠定了坚实的基础。

在成本控制方面，智能优化算法展现出了其强大的实时分析能力。通过对各项成本数据的实时监控，这些算法能够自动调整预算分配，确保资源的最优利用。例如，企业可以利用智能优化算法来分析生产线上的各项成本，识别出不必要的开支，并及时调整生产计划，以达到成本最小化的目标。这种动态的预算管理方式，不仅提高了企业的成本控制效率，还增强了其市场竞争力。

智能优化算法在风险管理中具有重要应用。通过对潜在风险因素的动态分析，这些算法能够为企业提供有效的应对策略，增强其财务稳健性。在复杂多变的市场环境中，企业面临着各种不确定性风险，智能优化算法可以通过对历史数据和市场趋势的分析，预测潜在风险，并制定相应的风险管理策略。这种前瞻性的风险管理方法，不仅提高了企业的抗风险能力，还确保了其财务运营的稳健性。

在财务预测中，智能优化算法通过对市场趋势和财务数据的深入分析，提升了预测的准确性。企业可以利用这些算法来分析不同市场情境下的财务表现，制定科学的财务规划。这种数据驱动的预测方法，不仅提高了企业的决策效率，还为其战略规划提供了有力支持。在快速变化的市场环境中，精准的财务预测是企业获取竞争优势的关键。

智能优化算法可以应用于财务报表分析，通过自动化处理和优化数据，提升信息透明度，帮助管理层快速获取关键财务指标。通过对财务数据的分析，这些算法能够识别出企业运营中的潜在问题，为管理层提供决策支持。这种高效的数据处理能力，不仅提高了财务报表的准确性，还增强了企业的财务透明度，有助于提升投资者和利益相关者的信任。

第二章 数智化绩效评价体系的总体框架设计

第一节 框架的层级结构

一、基础层

（一）数据来源与标准化处理

数据来源与标准化处理是数智化绩效评价体系的基础。数据的多样性是这一层级的重要特征，涉及内部系统和外部市场数据。企业内部系统如 ERP（企业资源计划）和 CRM（客户关系管理）系统提供了丰富的运营和客户数据，而外部市场数据则来自行业报告和竞争对手分析。这些多样化的数据来源为企业提供了全方位的视角，帮助企业在竞争激烈的市场中作出更为明智的决策。然而，数据的多样性同时也带来了整合和处理的挑战。因此，建立一个有效的数据标准化处理流程至关重要，以确保不同来源的数据在格式和内容上的一致性和可比性，从而为后续的分析奠定坚实的基础。

数据标准化处理流程的设计需要考虑到数据的一致性和可比性。不同来源的数据在格式、单位和度量标准上可能存在显著差异，这些差异如果不加以处理，将严重影响数据分析的准确性。因此，企业需要制定严格的数据标准化流程，以确保数据在进入分析阶段之前，已经经过清洗和转换，符合统一的标准。这一过程不仅提高了数据分析的效率，还为企业在数据驱动的决策中提供了可靠的依据。同时，数据质量控制机制也是不可或缺的环节，通过定期审查和清洗数据，确保数据的准确性和可靠性。

数据采集频率的设定是数据处理流程中的一个关键因素。企业需要根据自身的业务需求和市场变化，灵活调整数据更新的周期。过于频繁的数据更新可能导致资源的浪费，而更新不及时则可能错失市场机会。因此，企业应根据具体的业务场景，合理规划数据采集的频率，以在数据的时效性和资源的有效利用之间取得平衡。通过合理的频率设定，企业可以更好地响应市场变化，优化资源配置，提高决策的时效性。

在数据处理过程中，数据安全与隐私保护措施是企业必须重视的方面。随着数据量的增长和数据处理技术的进步，数据安全和隐私保护面临着越来越大的挑战。企业在进行数据处理时，必须严格遵循相关法律法规，确保企业和客户的信息安全。建立健全数据安全管理制度，采用先进的数据加密技术和访问控制措施，是保护数据安全和隐私的有效途径。

（二）计算与存储基础设施

计算与存储基础设施在数智化绩效评价体系中起着关键作用。云计算技术的应用为企业提供了灵活的计算资源和存储空间，能够支持大规模数据的处理和分析。这种灵活性不仅有助于企业在数据需求高峰期快速扩展资源，而且在需求减少时能够有效缩减资源，从而实现成本效益最大化。通过云计算，企业能够更好地应对不断变化的业务需求，同时提高数据处理的效率和准确性。

高性能数据存储解决方案是确保数据能够被快速访问和高效存储的基础。这对于实时分析需求至关重要，因为企业需要在最短的时间内从大量数据中提取有价值的信息，以支持决策过程。高性能存储系统通过优化数据的读写速度，减少延迟，确保数据在需要时能够即刻获取。这一特性在竞争激烈的市场环境中，能够为企业提供显著的竞争优势。

数据备份与恢复机制是保障数据安全性和可靠性的关键措施。企业在日常运营中面临着多种潜在的数据丢失或损坏风险，如硬件故障、网络攻击或人为错误等。通过建立健全数据备份与恢复机制，企业能够确保在数据丢失或损坏时迅速恢复，降低对业务连续性的影响。这种机制不仅提高了数据的安全性，也增强了企业应对突发事件的能力。

数据访问权限管理在提高数据安全性方面发挥着重要作用。通过严格的权限管理，企业能够确保只有经过授权的人员才能访问敏感数据。这一措施有效防止了数据泄露和未经授权的访问，保护了企业的核心数据资产。同时，权限管理的实施也有助于企业满足相关法律法规的合规性要求，降低法律风险。

（三）安全与隐私保护机制

在数智化绩效评价体系中，安全与隐私保护机制是基础层的重要组成部分。其核心在于建立健全数据访问控制机制，以确保只有获得授权的用户才能接触到敏感信息。这种机制不仅能够有效降低数据泄露的风险，还能提升整个系统的安全性和可靠性。在实施过程中，需仔细设计用户权限，确保不同角色的用户只能访问其职能范围内的数据。这种精细化的权限管理，能够在很大程度上防止内部人员的恶意操作和外部攻击带来的潜在威胁。

为了进一步增强数据的安全性，数据加密技术的应用是必不可少的。通过对存储和传输的数据进行加密，可以有效保护数据在网络传输和存储过程中的安全性。加密技术的选择需要根据数据的重要性和敏感程度来进行，确保在不影响系统性能的前提下提供足够的安全保障。结合先进的加密算法，可以有效防止数据在传输过程中被截获和篡改，确保信息的完整性和机密性。

定期进行安全审计与风险评估是确保系统安全的重要措施。通过系统化的审计，可以识别出潜在的安全漏洞，并在第一时间采取措施进行修复。这一过程需要专业的安全团队来执行，确保审计的全面性和准确性。此外，风险评估可以帮助企业了解当前面临的安全威胁，并制定相应的应对策略。通过持续的审计与评估，能够动态调整安全策略，保持系统的高安全性。

制定明确的数据隐私政策是保障数据合规性的重要手段。政策中需详细规定数据的收集、使用和存储的规范，确保所有操作都符合相关法律法规的要求。这不仅能够保护用户的隐私权利，还能提升企业的信誉和用户的信任度。在政策的制定过程中，应充分考虑国内外的法律差异，确保企业在全球范围内的合规性。

二、模型层

（一）评价指标体系的构建

评价指标体系的构建是数智化绩效评价体系中至关重要的一环。为了确保体系的有效性，首先需要明确绩效评价的关键指标，并确保这些指标与企业的战略目标相一致。这种一致性能够有效反映企业的经营状况和发展方向，从而为企业的长远发展提供有力支持。企业在选择关键指标时，应充分考虑其战略目标，确保每个指标的选择都能为实现企业的整体目标作出贡献。

构建定量与定性相结合的评价指标是评价体系的重要方面。财务数据的可量化性使其成为绩效评价的重要组成部分，但仅凭财务数据难以全面反映企业的绩效。为了更全面地评价企业的绩效，体系中还需重视客户满意度、员工参与度等人文因素的影响。这些定性指标能够提供财务数据之外的视角，帮助企业更全面地了解自身的运营状况和潜在问题。

建立动态调整机制是确保评价指标体系持续有效的关键。市场环境和企业战略的变化可能导致现有指标失去其相关性和有效性。因此，企业需要建立一套动态调整机制，以便及时响应这些变化。通过定期评估和调整指标，企业能够确保其绩效评价体系始终与当前的市场环境和自身战略保持一致，从而保持其竞争力。

设计数据驱动的绩效分析模型是提升企业决策科学性和准确性的有效途径。借助数据分析技术，企业可以更深入地挖掘和分析数据，从而为决策提供更为可靠的依据。这种数据驱动的分析模型不仅能够支持企业的智能化管理，还能帮助企业在快速变化的市场环境中保持敏捷性和竞争力。通过不断完善数据分析模型，企业能够在复杂的商业环境中作出更为精准的决策。

（二）智能算法的选择与优化

在数智化绩效评价体系中，智能算法的选择与优化是模型层设计的关键环节。智能算法的选择需基于不同绩效评价指标的需求，常用的算法类型包括回归分析、决策树和神经网络等。这些算法各有其独特的优势和适用场景，例如，回归分析适用于线性关系的建模，决策树在分类任务中表现优异，而神经网络则以其强大的非线性拟合能力，适合于复杂数据模式的识别。选择适合的算法能够提升绩效评价的准确性和有效性。

优化算法参数是提升模型性能的重要步骤。通过交叉验证和网格搜索等方法，可以在不同参数组合下评估模型的表现，从而选择最优参数设置。这些技术不仅可以提高模型的预测准确性，还能增强模型的稳健性，确保其在不同数据集上的一致表现。此外，参数优化还可以帮助识别出模型的潜在弱点，从而进行有针对性的改进，提高模型的整体性能。

结合业务特点和数据特性，设计定制化的算法模型是实现绩效评价体系实用性的重要手段。不同的业务场景和数据类型对算法的需求各异，因此，算法模型需要根据具体的业务逻辑和数据特征进行调整和优化。定制化的算法模型不仅能提高绩效评价的相关性，还能在实际应用中体现出更高的实用价值和操作性，为决策者提供更具针对性的分析结果。

实施算法模型的实时监控与评估机制是确保模型在动态环境下持续有效性的保障。随着数据的不断更新和业务环境的变化，模型的性能可能会发生波动。通过实时监控，可以及时发现模型的异常表现，并进行必要的调整和优化，以保持模型的适应性和有效性。这种持续的监控和评估机制，能够帮助企业在快速变化的市场环境中保持竞争优势。

（三）模型训练与验证方法

在构建数智化绩效评价体系的过程中，模型训练与验证方法是至关重要的一环。模型训练数据集的构建与划分是这一过程的基础，合理地划分能够有效提升模型的泛化能力。通常，数据集会被划分为训练集、验证集和测试集，三者的比例需要精心设计，以确保模型在不同数据上的表现一致性和稳定性。训练集用于模型的学习，验证集用于调整模型参数，而测试集则用于评估模型的最终性能。通过这样的划分，能够在训练过程中不断优化模型，最终得到一个具有良好泛化能力的模型。

为了进一步提升模型的稳定性和准确性，交叉验证方法被广泛采用。通过多次训练和验证，交叉验证能够有效评估模型的稳定性，并减少过拟合的风险。过拟合是指模型在训练数据上表现良好，但在新数据上效果不佳的现象。通过交叉验证，可以在训练过程中不断调整模型的复杂度，确保模型在训练集和验证集上的性能达到平衡，从而提高模型的实际应用价值。

在模型训练过程中，引入特征选择与降维技术是优化输入特征集的重要手段。特征选择能够筛选出对模型预测能力贡献最大的特征，而降维技术则可以减少特征的数量，降低模型的复杂度。这些技术不仅提高了模型训练的效率，还确保了模型的简洁性和可解释性。在实际应用中，简洁的模型通常具有更好的泛化能力和更高的计算效率，因此特征选择与降维技术在模型训练中具有重要的作用。

模型性能评估指标的设定是衡量模型预测能力和实用性的重要步骤。常用的评估指标包括均方误差、准确率和召回率等。均方误差用于衡量模型预测值与实际值之间的差异，准确率反映了模型对样本分类的正确比例，而召回率则衡量了模型对正样本的识别能力。这些指标能够全面评估模型的性能，为模型的优化提供指导。

三、应用层

（一）绩效可视化与动态监测

绩效可视化与动态监测在现代企业管理中扮演着至关重要的角色。随着数据技术的不断进步，企业能够更直观地呈现其绩效数据，使管理层能够快速、准确地理解这些信息。这种可视化不只是简单的数据展示，而是通过图表、仪表盘等形式，将复杂的数据转化为易于理解的视觉信息，支持管理层作出更为明智的决策。绩效可视化的有效应用可以显著提高企业的管理效率和决策质量，为企业的可持续发展提供坚实的基础。

选择和应用合适的绩效可视化工具是实现这一目标的关键。管理层需要能够直观理解绩效数据的工具，以支持快速决策。这些工具不仅需要具备强大的数据处理能力，还要有良好的用户界面设计，使管理者无须专业的数据分析背景也能轻松上手。通过这些工具，管理层能够在最短的时间内获取所需的信息，从而在复杂多变的市场环境中保持竞争优势。

动态监测系统的建立是企业实现绩效管理的重要步骤。通过实时数据更新，企业能够及时反映其绩效变化，增强对市场环境的反应速度。这种系统不仅需要高效的数据采集和处理能力，还需具备灵活的适应性，以应对不同业务场景下的需求变化。实时数据的获取和分析能力，使企业能够在瞬息万变的市场环境中保持敏捷性，迅速调整策略以应对挑战。

可视化仪表盘的设计是整合多维度绩效指标的有效方式，使不同层级的管理者都能方便使用和理解。一个设计良好的仪表盘应当能够清晰地展示企业的关键绩效指标，并提供多层次的分析视角，以满足不同管理层次的需求。通过这种方式，企业能够确保信息的透明性和一致性，促进跨部门的协作和沟通，提高整体的管理效率。

（二）智能预警与决策支持

智能预警与决策支持在数智化绩效评价体系中扮演着关键的角色。智能预警系统的构建依托实时数据分析技术，其核心在于自动识别潜在的绩效风险，并及时发出预警通知。这一系统通过持续监测企业运营数据，识别异常模式和趋势，帮助管理层提前应对可能的风险事件。智能预警系统不仅提高了企业应对突发情况的准备度，还能通过历史数据的积累和分析，优化风险识别的准确性和及时性，从而为企业的稳健运营提供有力保障。

决策支持工具的开发是智能决策体系中的一个重要组成部分。通过数据挖掘和分析，这些工具为管理层提供了可操作的建议，从而增强决策的科学性。这些工具利用先进的算法和模型，从海量数据中提取有价值的信息，帮助管理者识别业务中的关键问题和机会。通过对不同决策方案的模拟和分析，决策支持工具能够为管理层提供多维度的分析视角，助力企业在复杂多变的市场环境中作出明智的决策。

绩效评价模型的自我学习能力是数智化绩效评价体系的一大创新。利用机器学习技术，模型能够不断优化其预测准确性，以适应业务环境的变化。随着时间的推移和数据的积累，模型可以自动调整参数，识别新的模式和趋势，从而提高绩效评价的精准度。这种自适应能力不仅提升了模型的实用性，也使管理层能够在动态变化的市场中保持竞争优势。

智能决策平台的集成是实现跨部门信息共享和提高决策效率的重要手段。通过整合多种数据源和分析工具，平台能够为决策者提供全面而准确的信息支持。不同部门的数据可以在同一平台上进行交叉分析，从而揭示深层次的业务关联和潜在问题。这种信息的无缝流动和共享，不仅提高了决策的效率，也促进了企业内部的协同合作。

（三）跨部门协同应用场景

跨部门协同应用场景在现代企业中至关重要，尤其是在数智化绩效评价体系的构建中。企业在面对复杂多变的市场环境时，往往需要多个部门的紧密合作，以实现资源的最优配置和整体绩效的提升。通过跨部门协同，企业能够打破传统的职能壁垒，促进信息流动与资源共享，从而形成更具弹性的组织架构。这种协同不仅提升了企业的反应速度，还增强了各部门之间的理解与信任，为企业的长远发展奠定了坚实的基础。

跨部门协同项目管理是实现这一目标的有效手段。通过建立跨部门团队，企业能够整合各个职能部门的优势，形成合力，提高项目的执行效率。在项目管理中，跨部门团队成员可以充分利用各自的专业知识和技能，确保项目的各个环节都能顺利进行。同时，这种合作方式也促进了部门之间的沟通与理解，减少了因信息不对称而导致的误解与冲突，从而提高了整体的工作效率和项目成功率。

数据共享平台的搭建是跨部门协同的关键。通过这一平台，各部门能够实时访问和共享关键绩效数据，确保信息的透明和一致性。这不仅有助于提高决策的准确性和及时性，还能增强各部门对企业整体目标的理解与认同。此外，数据共享平台还为各部门的绩效分析提供了可靠的数据支持，使绩效评价更加科学和公正，进一步推动了企业的数智化转型。

联合绩效评估会议的定期召开是促进跨部门协同的重要机制。在这些会议中，各部门共同参与绩效分析与讨论，分享各自的见解和经验。这种集思广益的方式有助于形成合力，推动跨部门的绩效提升。同时，联合会议还为各部门提供了一个沟通和交流的平台，使各部门能够在绩效评价中达成共识，形成一致的行动方案，从而提高企业的整体绩效。

跨部门培训与知识共享机制的建立，是提升整体团队绩效管理能力的有效途径。通过这种机制，各部门能够在培训中相互学习，分享各自的技能和经验，达到技能互补的效果。这不仅提高了员工的专业能力和工作效率，也增强了团队的凝聚力和合作精神。此外，知识共享机制还促进了企业内部的创新和变革，使企业能够在激烈的市场竞争中保持领先地位。

第二节　核心模块的关联逻辑

一、数据采集

（一）多源异构数据整合

多源异构数据整合在数智化绩效评价体系中扮演着至关重要的角色。在现代企业运营环境中，数据来源多样且复杂，整合这些数据对于实现有效的绩效评价至关重要。企业内部系统的数据整合，如 ERP 和 CRM 系统，是实现实时业务监控和绩效分析的基础。这些系统生成的大量数据能够帮助企业了解运营状况、客户行为及市场趋势，从而为决策提供支持。然而，这些数据往往以不同的格式和标准存在，因此需要通过数据整合技术将其统一，以确保分析的准确性和一致性。

引入外部市场数据是丰富绩效评价视角的关键步骤。行业报告和竞争对手分析等外部数据，可以为企业提供更广泛的市场洞察，帮助识别市场机会和威胁。这种外部数据的引入，不仅能补充内部数据的不足，还能为企业的战略决策提供更全面的依据。然而，外部数据的获取和整合同样面临挑战，特别是在数据格式和标准不统一的情况下。因此，建立统一的数据标准和格式，是确保来自不同来源的数据能够无缝对接和比较的必要条件。

为了提升数据的准确性和可靠性，减少噪声干扰，实施数据清洗和预处理机制是必不可少的。数据清洗包括去除重复数据、修正错误数据、填补缺失数据等步骤，这些措施能够有效提高数据质量，确保后续分析的有效性和可靠性。数据预处理则涉及数据的标准化和归一化处理，以便更好地适应不同分析模型的需求。这些步骤不仅提高了数据的质量，也为后续的分析和决策提供了坚实的基础。

（二）实时数据流处理技术

实时数据流处理技术在现代企业的数智化绩效评价体系中扮演着至关重要的角色。这项技术能够实现对企业运营数据的即时捕捉，从而确保绩效评价体系能够反映最新的业务动态。这种实时性对于企业来说尤为重要，因为它能够使管理层在瞬息万变的市场环境中保持对业务的敏锐洞察力。通过这种技术，企业不仅能够获取最新的数据，还能在数据产生的同时进行分析，从而为企业的战略决策提供及时的支持。

通过流处理技术，企业可以对数据进行实时分析，及时识别潜在的绩效问题。这种能力支持企业进行快速决策，避免因信息滞后而导致的决策失误。在激烈的市场竞争中，能够快速反应并调整策略是企业成功的关键。实时数据流处理技术为企业提供了这种能力，使其能够在问题尚未扩大之前采取纠正措施，从而优化运营效率和绩效表现。

实时数据流处理技术支持多种数据格式的接入，增强了数据处理的灵活性和适应性。这意味着企业可以根据不同的业务需求，灵活地接入各种来源的数据，无论是结构化数据还是非结构化数据。这种多样性为企业提供了更广泛的信息基础，帮助其在复杂多变的市场环境中保持竞争优势。此外，这种灵活性还使企业能够更好地适应技术和市场的变化。

该技术能够与机器学习算法结合，实现自动化的数据分析和预测，提高绩效评价的智能化水平。通过这种结合，企业不仅能够对当前的绩效进行评估，还能对未来的趋势进行预测。这种预测能力使企业能够提前做好准备，应对潜在的挑战和机遇。机器学习算法的应用使数据分析过程更加高效和精准，为企业的战略规划提供了强有力的支持。

（三）数据质量评估与清洗

在数智化绩效评价体系中，数据质量评估与清洗是确保数据可靠性和决策准确性的关键步骤。数据质量的高低直接影响到企业财务决策的有效性，因此，建立一套科学的数据质量评估标准显得尤为重要。这些标准需要制定明确的指标来衡量数据的准确性、完整性、一致性和及时性。通过对这些指标的严格把控，可以确保数据在进入分析阶段前已达到预期的质量水平，从而为智能决策提供坚实的基础。

定期的数据清洗流程是提高数据质量的重要环节。企业需要制订详细的清洗计划，定期对数据进行检查，以识别和修正其中的错误、重复和不一致之处。通过这种方式，可以大幅提高数据的整体质量，使其在后续的分析和决策中发挥更大的作用。数据清洗不仅是技术层面的工作，还需要结合企业的实际业务需求，以保证数据的实用性和准确性。

自动化工具在数据质量监控中扮演着不可或缺的角色。利用这些工具，企业能够实时监测数据流中的异常情况，并及时发出警报。这种实时的监控机制可以有效预防潜在的数据问题，确保数据的可靠性和稳定性。自动化工具的应用不仅提高了数据处理的效率，还减少了人为干预带来的误差，进一步提高了数据管理的整体水平。

数据质量的提高离不开员工的参与和支持。因此，开展数据质量培训至关重要。通过培训，员工能够更好地理解数据管理和清洗的重要性，进而在日常工作中自觉地维护数据质量。这种意识的提升有助于各部门在数据处理中的协同配合，提高整体数据管理的效率。培训还可以促进员工之间的沟通和经验分享，为企业的数据管理创造更为良好的氛围。

二、模型训练

（一）特征工程与变量筛选

特征工程与变量筛选在数智化绩效评价体系中扮演着至关重要的角色。特征工程是指通过数据预处理和转换技术来提升模型的预测能力。其重要性在于，它不仅能够提高模型的准确性，还能增强模型对数据的理解能力。特征工程的定义涵盖了从数据清洗、特征创建到特征选择的全过程。通过合理的特征工程，可以有效地挖掘数据的潜在价值，从而为智能决策提供更为精准的支持。

在进行特征工程时，变量筛选是一个关键步骤。变量筛选的原则与方法主要包括相关性分析和统计测试。通过相关性分析，可以识别出与目标变量有显著关系的特征，从而保证模型的有效性。同时，统计测试可以帮助识别出那些对模型预测能力贡献较小的变量，以此来简化模型结构，提高计算效率。通过这些方法，能够确保选择的特征在模型中具有实际意义，并能显著提升模型的预测性能。

特征转换技术在特征工程中占据着重要地位。常用的特征转换技术包括标准化、归一化和对数变换等。这些技术的应用可以有效提高模型的收敛速度，使模型在训练过程中能够更快达到最优状态。标准化和归一化能够消除不同特征之间的量纲差异，从而避免模型训练过程中因特征尺度不同而导致的偏差。对数变换则可以帮助处理数据中的极端值，使数据分布更为均匀。

特征交互的构建是提升模型复杂性和捕捉数据间复杂关系的重要手段。通过特征交互，可以将多个原始特征组合成新的特征，从而捕捉更复杂的模式和关系。这种方法在提升模型的非线性表达能力方面具有显著效果。在数智化绩效评价体系中，特征交互的应用能够更好地反映企业财务数据间的潜在关系，为智能决策提供更为全面的信息支持。

（二）机器学习模型调参优化

机器学习模型调参优化是提升模型性能的关键步骤。调参过程涉及对模型的超参数进行调整，以找到最佳的参数组合，从而提高模型的预测准确性。超参数是模型在训练前需要设定的参数，而模型参数则是在训练过程中自动学习得到的。调参对模型性能的重要性体现在其直接影响模型的泛化能力和稳定性。通过合理的调参，可以有效避免模型过拟合或欠拟合，从而提升模型在实际应用中的表现。

常用的调参方法包括网格搜索和随机搜索。网格搜索是一种穷举搜索方法，通过对所有可能的参数组合进行穷举，找到最优参数组合。虽然网格搜索简单易用，但在参数空间较大时，计算成本较高。随机搜索则通过随机选择参数组合进行评估，虽然不保证找到全局最优解，但在大规模参数空间中具有更高的效率。在不同场景下，选择合适的调参方法可以有效提高模型性能，并降低计算资源的消耗。

在调参过程中，使用交叉验证进行模型性能评估是确保调参稳健性的重要手段。交叉验证通过将数据集划分为多个子集，反复训练和验证模型，以评估其在不同数据分割上的表现。这种方法有助于避免模型过拟合，确保调参结果的稳健性和可靠性。通过交叉验证，可以获得更为准确的模型性能评估，从而指导调参过程的优化。

基于贝叶斯优化的调参技术是一种利用概率模型指导参数搜索的方法。贝叶斯优化通过构建参数与目标函数之间的概率模型，逐步缩小参数搜索空间，提高调参效率。相比于传统的网格搜索和随机搜索，贝叶斯优化能够更快地找到最优参数组合，尤其在高维参数空间中表现突出。这种调参技术在复杂模型的参数优化中具有显著优势。

（三）模型性能评估与迭代

在数智化绩效评价体系中，模型性能的评估与迭代是确保系统有效性的重要环节。模型性能评估指标的选择至关重要，它不仅要涵盖准确率、召回率、F1score等多维度指标，还需全面反映模型的预测能力。这些指标能够帮助我们了解模型在不同情境下的表现，确保其在实际应用中能够提供有效的决策支持。通过综合考量这些指标，企业可以更好地评估模型的优劣，从而在复杂的财务环境中作出明智的决策。

为了保证模型在实际应用中的持续有效性，实施实时性能监控机制是必不可少的。通过定期检查模型的输出与实际结果的偏差，企业可以及时发现潜在问题并进行调整。实时性能监控不仅能够帮助识别模型在运行过程中可能出现的异常，还能为后续的模型优化提供数据支持。这样一来，企业能够在动态变化的市场环境中保持竞争优势，确保其财务决策的准确性和及时性。

建立模型迭代更新流程是保持模型有效性和适应性的关键。随着新数据的不断涌入和市场环境的变化，定期对模型进行再训练和优化显得尤为重要。模型迭代更新不仅能够提升模型的预测能力，还能增强其对新兴趋势的适应性。通过持续的迭代更新，企业可以确保其数智化绩效评价体系始终处于最优状态，从而在快速变化的商业环境中立于不败之地。

引入模型性能对比分析是评估改进效果的重要手段。定期与基线模型或其他算法进行比较，能够帮助企业了解模型的进步程度和改进效果。通过这种对比分析，企业可以更清晰地识别出哪些改进措施是有效的，从而指导后续模型选择。这种方法不仅能够提升模型的整体性能，还能为企业的财务决策提供更加可靠的数据支持。

开展用户反馈机制是促进模型不断优化与实用性提升的有效途径。通过收集业务部门对模型预测结果的意见和建议，企业可以更好地了解模型在实际应用中的表现。这种反馈机制不仅能够帮助识别模型在应用过程中存在的问题，还能为模型的进一步优化提供宝贵的参考意见。通过不断吸收用户反馈，企业可以确保其数智化绩效评价体系始终符合业务需求，以提高其在实际应用中的价值。

三、决策输出

（一）绩效评分与等级划分

绩效评分与等级划分是企业财务数智化绩效评价体系中的关键环节。绩效评分的指标体系设计至关重要，它要求确保各项指标的权重合理分配，以全面反映企业整体运营状况。通过这一体系，企业能够有效地衡量其在市场中的竞争力和内部管理的效率。指标体系的设计不仅要涵盖传统的财务指标，还需引入创新性指标，以适应现代企业多元化发展的需求。合理的权重分配能够帮助企业在不同的经济环境中保持其竞争优势，并为管理层提供决策支持。

建立绩效等级划分标准是绩效管理的重要组成部分。通过依据得分范围设定不同的绩效等级，企业可以更清晰地识别其优劣势。这一过程不仅有助于企业内部的资源分配和激励机制设计，还能为外部投资者和利益相关者提供透明的绩效信息。等级划分标准的制定需要结合企业的战略目标和行业特点，以确保其具有针对性和可操作性。通过清晰的等级划分，企业能够更好地激励员工，提高整体绩效水平。

在绩效评分过程中，引入定量与定性结合的评分方法是必不可少的。这种方法不仅考虑财务指标的硬性数据，还重视客户满意度和员工参与度等非财务因素的影响。通过这种综合评分方法，企业能够更全面地评估其在市场中的表现以及内部管理的有效性。定性因素的引入，尤其是在客户和员工满意度方面，能够帮助企业更好地理解其在市场中的地位以及未来的发展潜力，从而作出更为明智的战略决策。

绩效评分标准的设计必须具备动态调整机制，以适应市场变化和企业战略目标的不断演变。定期根据市场变化调整绩效评分标准，能够确保其持续的有效性和相关性。动态调整机制不仅需要考虑外部市场环境的变化，还需关注企业内部管理需求的变化。通过这种动态机制，企业能够更灵活地应对外部挑战，并在内部保持高效的管理和运营水平。

（二）个性化改进建议生成

在现代企业中，个性化改进建议的生成是数智化绩效评价体系的重要组成部分。通过分析绩效评分结果，企业能够针对各部门的具体情况，制订个性化的改进计划。这一过程不仅要求改进措施切合实际，还必须具备可操作性。绩效评分结果提供了一个全面的视角，帮助决策者识别出各部门的优势与不足，从而制定出更具针对性的改进策略。企业通过这种方式，不仅能够提升整体绩效，还能确保资源的有效配置与利用。

数据分析工具的广泛应用，为企业识别绩效低下的具体原因提供了有力支持。这些工具能够对各部门的运营数据进行深入分析，揭示出隐藏在数据背后的问题根源。通过数据分析，企业可以提出有针对性的改进建议，帮助各部门克服瓶颈，实现绩效提升。数据驱动的分析方法，不仅提高了建议的科学性和准确性，也为企业决策提供了坚实的基础，使改进措施更加具有前瞻性和实效性。

为了更好地制订综合性的改进方案，企业应定期组织跨部门会议，汇集不同部门的意见和建议。这种协作机制不仅增强了团队的协作能力，还提高了执行力。在会议中，各部门可以分享各自的经验和挑战，形成一个多维度的视角。通过这种方式，企业能够制订出更具全局观的改进方案，确保各部门之间的协同效应最大化。这种跨部门的沟通与协作，推动了企业整体绩效的持续改善。

建立反馈机制是确保改进建议能够充分反映基层实际需求的关键。通过鼓励员工提出对绩效评价和改进措施的看法，企业能够获得来自基层的真实反馈。这种反馈机制不仅提升了员工的参与感和责任感，也为改进措施的优化提供了重要依据。通过不断的反馈与调整，企业能够确保改进建议始终与实际需求保持一致，实现绩效管理的良性循环。

（三）自动化报告生成与推送

自动化报告生成与推送在数智化绩效评价体系中扮演着至关重要的角色。其设计原则旨在确保报告内容的准确性、及时性和可读性，以满足管理层的决策需求。自动化报告生成系统需要具备高效的数据处理能力，通过对海量数据进行实时分析和处理，生成精准的绩效报告。这一过程不仅需要依赖先进的算法和技术支持，还需要结合企业的实际业务需求，确保生成的报告能够真正反映企业的绩效状况，并为管理层提供可靠的决策依据。

利用数据可视化技术，自动生成图表和仪表盘，使绩效数据更加直观，便于快速理解和分析，是提升报告可读性的重要手段。通过将复杂的数据转化为易于理解的可视化图表，管理层能够更快速地获取关键信息，识别出潜在的绩效问题和趋势。这不仅提高了数据的利用效率，也为企业的战略调整和资源配置提供了有力支持。在这一过程中，选择合适的数据可视化工具和技术至关重要，以确保生成的图表能够准确反映数据的内在联系和变化趋势。

建立自动化报告的定制化功能，根据不同部门和管理层的需求，灵活调整报告内容和格式，是提升报告适用性的关键。不同部门对于绩效数据的关注点各不相同，因此，报告系统需要具备高度的灵活性，以满足各部门的特定需求。通过定制化功能，用户可以根据实际需要选择展示的指标、调整报告的格式以及设置数据的展现方式，从而确保报告能够为各级管理者提供最有价值的信息支持，助力企业的精细化管理。

四、反馈优化

（一）实际效果监测与评估

在数智化绩效评价体系中，实际效果监测与评估是确保体系有效运作的关键环节。通过建立一套科学的绩效监测指标，企业能够定期评估绩效评价体系的实际影响与改进效果。这些指标不是对绩效的简单量化，而是对运作过程的深层次分析，帮助企业了解其绩效管理策略的有效性。为了实现这一点，企业需要结合其战略目标和运营特点，设计出能够反映真实绩效水平的指标体系。这一过程需要充分考虑企业内部和外部的各种因素，确保指标的全面性和准确性。

实施反馈收集机制是优化绩效评价体系的重要步骤。企业可以通过多种渠道鼓励员工和管理层对绩效评价结果提出意见和建议。这种反馈机制不仅有助于及时调整和优化评价体系，还能增强员工的参与感和认同感。通过定期的问卷调查、座谈会和一对一访谈等方式，企业可以有效收集到来自不同层级和不同部门的真实反馈。这种多样化的反馈方式可以帮助企业更全面地了解绩效评价体系在实际操作中的优缺点，从而为后续的优化提供切实可行的依据。

数据分析工具在现代绩效管理中扮演着不可或缺的角色。通过利用先进的数据分析工具，企业可以对绩效变化进行深度挖掘，识别影响绩效的关键因素和潜在问题。这不仅有助于发现绩效管理中的瓶颈，还能为制定有针对性的改进措施提供数据支持。借助大数据技术，企业能够从海量的绩效数据中提取出有价值的信息，帮助管理层作出更为精准的决策。这种数据驱动的决策方式，不仅提高了绩效管理的效率，也为企业的长远发展奠定了坚实的基础。

定期组织绩效评估会议是提升企业整体绩效管理能力的重要手段。通过汇集各部门的反馈和建议，企业可以促进跨部门协作，形成合力，提高整体绩效管理水平。这种定期的评估会议为企业提供了一个交流和分享的平台，各部门可以在此分享各自的经验和挑战，共同探讨解决方案。这种跨部门的协作，不仅有助于提高绩效管理的整体水平，还能增强企业内部的凝聚力和协同效应。

（二）模型自适应调整机制

在数智化绩效评价体系中，模型自适应调整机制是确保系统有效性和准确性的重要组成部分。建立这一机制的首要步骤是构建反馈机制，通过定期收集用户和管理层的意见，使模型能够根据实际使用情况进行动态调整。这一过程不仅涉及对模型输出结果的分析，还需关注用户体验和管理层的战略需求。反馈机制的有效性在于其能够捕捉到模型在实际应用中的不足，从而为后续的优化调整提供数据支持和方向指引。

实时监控系统的实施是模型自适应调整机制的关键。通过自动分析模型输出与实际结果的偏差，系统能够及时识别不符合预期的模型参数，从而进行必要的调整。这一过程借助先进的数据分析技术，能够迅速发现和纠正模型在运行过程中出现的误差，确保模型输出的可靠性和准确性。实时监控不仅提高了模型的响应速度，还能有效降低因模型偏差导致的决策失误风险，提升企业在复杂环境中的竞争力。

自适应算法的设计是提升模型预测准确性的核心手段。通过引入机器学习技术，模型能够在新数据输入时自动优化，逐步提高其预测能力。这种算法设计的优势在于其能够不断学习和适应环境的变化，保持模型的先进性和实用性。自适应算法的成功应用依赖对历史数据的深刻理解和对未来趋势的准确把握，从而在动态变化的市场环境中提供科学合理的决策支持。

为了确保模型的有效性，引入模型性能评估指标是必要的。这些指标为模型的定期评估提供了量化的标准，使模型的调整和优化有据可循。通过对评估结果的分析，企业能够及时发现模型的不足，并进行相应的改进。这一过程不仅有助于提升模型的整体性能，还能为企业的决策提供更加精准的数据支持，增强企业的战略执行力和市场竞争力。

（三）持续优化与版本迭代

持续优化与版本迭代是数智化绩效评价体系保持前沿性和适应性的关键所在。通过建立定期评估机制，企业能够确保其绩效评价体系与不断变化的企业战略和市场环境保持一致。这一机制的核心在于通过系统的评估流程，及时识别和响应外部环境的变化，确保评价指标和方法的动态调整。通过这种方式，企业不仅能够保持竞争力，还能在复杂多变的市场中快速调整策略，实现更高效的资源配置和更精准的绩效考核。

实施版本管理策略是保障绩效评价体系稳定性的重要措施。通过对每次模型更新进行记录和版本控制，企业能够清晰地追踪变化，评估每次调整的效果。这样的管理策略不仅有助于积累经验和知识，还为未来的优化提供了有价值的参考。版本管理的精髓在于其系统性和可追溯性，这使企业在面对绩效评价体系的复杂性时，能够有条不紊地进行调整和优化，确保每次迭代都能带来实质性的改进。

引入用户反馈系统是提升绩效评价体系实用性的重要手段。通过鼓励管理层和员工对评价结果和模型有效性提出意见，企业能够从多角度获取有价值的反馈信息。这种反馈不仅可以促进模型的持续改进，还能增强员工对评价体系的认同感和参与度。用户反馈系统的建立，实际上是构建了一个企业内部的沟通桥梁，使绩效评价体系能够更好地反映企业的实际需求和员工的期望，从而提高整体的管理效率和员工满意度。

开展定期培训与知识共享是确保绩效评价体系有效运行的重要保障。通过系统化的培训，企业可以提升员工对绩效评价体系的理解与应用能力，这对于系统的优化和持续改进至关重要。知识共享则有助于在企业内部形成一种学习型组织文化，使员工能够在不断变化的环境中，保持敏锐的洞察力和快速的适应能力。这不仅能够提高员工的综合素质，还能为企业的长远发展奠定坚实的基础。

第三章 数据层构建：数据治理与质量评估

第一节 多源异构数据的整合与标准化

一、数据源识别与分类

（一）内部数据源

在企业财务数智化的背景下，内部数据源的识别是数据治理的关键步骤。企业内部财务系统的数据是首要的内部数据源，包括会计凭证、财务报表和预算数据等。这些数据不仅反映企业的财务状况和经营成果，也是企业进行财务分析和决策的重要依据。会计凭证记录了每一笔经济业务的详细信息，财务报表提供了企业整体财务状况的概览，而预算数据则为企业未来的财务规划提供了基础。

除了财务系统，企业的人力资源管理系统也是重要的内部数据源。该系统包含员工信息、薪资数据和绩效考核记录等。这些数据对于企业的人力资源决策至关重要。员工信息包括个人基本信息、岗位信息和入职时间等，薪资数据则反映了企业的薪酬策略和员工的薪酬水平，而绩效考核记录则为员工的晋升、培训和发展提供了依据。这些数据的整合与分析有助于企业优化人力资源管理，提高员工满意度和工作效率。

企业的供应链管理系统提供的采购订单、库存数据和供应商信息也是内部数据源的重要组成部分。采购订单数据记录了企业的采购活动，反映了企业的采购需求和供应商的履约情况；库存数据提供了企业库存管理的现状和问题，帮助企业优化库存水平，降低库存成本；供应商信息包括供应商的基本信息、合作历史和评价记录，为企业的供应商管理和选择提供了支持。

客户关系管理系统中的客户信息、销售记录和售后服务数据也是企业内部数据的重要来源。客户信息包括客户的基本信息、购买偏好和信用记录等，为企业的市场营销和客户服务提供了依据，销售记录反映了企业的销售业绩和市场份额，而售后服务数据则帮助企业了解客户的满意度和产品的使用情况。这些数据的整合与分析能够帮助企业提高客户关系管理水平，增加客户忠诚度。

（二）外部数据源

外部数据源在企业财务数智化绩效评价体系中扮演着至关重要的角色。市场调研数据是外部数据源的核心组成部分，涵盖行业分析报告、竞争对手财务数据以及市场趋势预测。这些数据为企业提供了全面的市场洞察力，使其能够在激烈的市场竞争中保持优势。通过深入分析行业报告，企业可以识别市场的潜在机会和威胁，从而制定更具针对性的战略。此外，竞争对手的财务数据为企业提供了一个基准，帮助其评估自身的财务表现和市场地位。市场趋势预测则帮助企业预判市场动向，调整其战略规划以应对未来的变化。

政府和行业机构发布的经济指标数据是外部数据源的重要组成部分。这些指标包括 GDP、通货膨胀率和失业率等，提供了宏观经济环境的量化视角。通过分析这些经济指标，企业可以更好地理解经济周期对其业务的潜在影响。例如，GDP 的增长或下降可能直接影响企业的销售额和盈利能力，通货膨胀率的变化则可能影响企业的成本结构和定价策略，而失业率的变化则可能影响消费者的购买力和需求水平。将这些经济指标纳入财务数智化绩效评价体系，有助于企业更准确地评估其财务表现和战略决策的有效性。

社交媒体和网络平台上的用户生成内容和反馈提供了消费者对品牌和产品态度的重要信息。这些内容反映了消费者的需求、偏好和满意度，是企业进行市场定位和产品创新的重要依据。通过对社交媒体数据的分析，企业可以识别消费者的关注点和痛点，从而调整其产品和服务策略。此外，用户生成内容还可以帮助企业识别品牌的市场形象和声誉，为企业的品牌管理和市场推广提供支持。这种实时的消费者反馈机制，使企业能够快速响应市场变化，提高其市场适应能力。

第三方数据提供商的商业数据在外部数据源中也占据重要地位。这些数据包括消费者行为分析、信用评分和市场细分数据，为企业提供了更为细致的市场洞察。通过消费者行为分析，企业可以了解不同消费者群体的购买习惯和偏好，从而进行精准的市场营销；信用评分数据帮助企业评估客户的信用风险，优化其信贷决策和风险管理策略；市场细分数据为企业提供了更为细致的市场划分，使其能够根据不同市场的特性制定差异化的市场战略。

二、数据格式转换与标准化

（一）数据清洗与去噪技术

数据清洗与去噪技术是确保数据质量和准确性的关键环节。高质量的数据是智能决策的基础，因此在数据治理中，必须重视数据清洗与去噪过程。数据清洗的基本流程包括处理缺失值、检测异常值和删除重复数据等关键步骤。缺失值处理可以通过插值法、均值填补或删除不完整记录等方法实现；异常值检测则需要结合统计学方法和业务规则，以识别和处理偏离正常范围的数据点；重复数据删除是为了避免数据冗余和分析结果的偏差。通过这些步骤，可以有效提高数据的完整性和一致性，为后续的数据分析奠定坚实基础。

去噪技术的应用在数据质量提高中同样至关重要。基于统计的方法，如均值滤波和中值滤波，能够有效去除数据中的随机噪声，提高数据的平滑度和可靠性。此外，机器学习算法，如自编码器和深度学习模型，也被广泛应用于去噪任务中，这些算法能够自动学习数据的内在结构，从而在去噪的同时保留数据的关键特征。这些技术的应用，不仅提高了数据的准确性，还为智能决策提供了更为可靠的依据。

为了确保不同来源的数据能够在相同的标准下进行分析和处理，数据格式统一化的策略显得尤为重要。在多源异构数据环境中，不同数据源可能采用不同的格式和编码标准，这给数据整合带来了挑战。通过定义统一的数据格式和标准，可以有效解决数据不一致的问题，使数据能够在统一的平台上进行分析和处理。这不仅提高了数据的可用性，也为跨平台的数据共享和协作提供了便利。

选择合适的数据清洗工具与软件是支持大规模数据处理的关键。面对海量数据，手动清洗已不再现实，因此自动化工具的选择至关重要。市场上有多种数据清洗软件可供选择，如 OpenRefine、Trifacta 等，它们在处理大规模数据时表现出色。在选择工具时，需要评估其适用性和效率，确保其能够满足特定数据环境的需求，并能在保证数据质量的同时提高处理效率。

（二）统一数据格式规范

在现代企业的财务数智化进程中，统一数据格式规范是确保数据质量和一致性的关键步骤。建立统一的数据格式标准是首要任务，这包括定义数据类型、字段名称和结构。通过这些标准化措施，可以有效地解决来自不同数据源的数据不一致问题，从而实现数据的无缝整合。这种标准化的努力不仅有助于提高数据的可用性，还能为后续的数据分析和智能决策提供坚实的基础。为了进一步保障数据传输的顺畅，制定数据交换协议显得尤为重要。这些协议明确了数据传输的方式、频率和格式，确保数据在不同系统之间的无缝对接。通过这种方式，各系统之间能够在保持高效沟通的同时，减少因格式不兼容而导致的数据传输错误。

实施数据字典管理同样是统一数据格式规范中的重要组成部分。数据字典的作用在于记录和维护各类数据的定义、来源和使用场景。这一过程不仅有助于数据使用者更好地理解和应用数据，还能在数据治理中发挥重要作用。通过系统化的管理，企业可以更好地追踪数据的流动和变化，确保数据在整个生命周期内的准确性和一致性。设计数据模板是规范数据录入和存储格式的有效手段。通过标准化的数据模板，企业能够减少人为错误，提高数据采集的效率。这种规范化的录入和存储方式，不仅提高了数据的质量，还为后续的数据处理和分析奠定了坚实的基础。

为了确保数据格式规范的持续适用性和有效性，定期评估和更新这些规范是必要的。随着业务需求的变化和技术的不断发展，数据格式规范也需要进行相应的调整。通过定期的评估和更新，企业能够确保其数据管理策略始终处于行业的前沿，并能够灵活应对各种新的挑战。这种动态的管理方式，不仅提升了企业的数据治理能力，还为其智能决策提供了更加可靠的数据支持。

（三）自动化 ETL 流程

在现代企业中，数据的处理和分析已成为决策过程中的关键环节。自动化 ETL（Extract，Transform，Load）流程作为数据处理的核心技术，通过提取、转换和加载数据，使多源异构数据能够被有效整合和标准化。自动化 ETL 流程的设计原则应包括模块化、可重用性和可扩展性，以提高数据处理的灵活性和效率。模块化设计允许将 ETL 过程分解为多个独立的组件，每个组件负责特定的任务，从而提高系统的可维护性和可管理性；可重用性确保相同的流程或组件可以在不同的项目中使用，减少开发时间和成本；可扩展性使系统能够随着数据量的增加或业务需求的变化而进行调整，确保系统的长期适用性。

实时数据提取技术的实施是自动化 ETL 流程中的一个重要环节。通过实时提取技术，企业可以确保数据源的最新信息能够及时被捕获和处理，从而支持动态决策需求。这种技术的应用使企业能够在竞争激烈的市场中保持敏捷性和响应能力。在实施过程中，需要考虑数据源的多样性和复杂性，确保数据能够在不同的格式和结构之间进行无缝转换。此外，实时数据提取还需要与企业现有的信息系统进行有效集成，以确保数据的流畅传输和处理。

使用调度工具自动化数据加载过程是提高 ETL 流程效率的关键策略。通过设定定时任务，企业可以减少人工干预，确保数据处理的连续性和稳定性。调度工具能够根据预设的时间表自动启动和执行 ETL 流程，确保数据在合适的时间被处理和加载到目标系统中。这种自动化不仅提高了数据处理的效率，还降低了人为错误的风险，从而提高了数据的可靠性和准确性。

集成数据质量监控机制是确保数据准确性和完整性的重要步骤。在自动化 ETL 流程中，数据质量监控机制能够自动检测和报告数据异常情况，及时纠正数据问题。这一机制通过对数据进行持续监控，能够快速识别数据中的错误或不一致之处，并触发相应的纠正措施。这不仅有助于维护数据的高质量标准，还能增强用户对数据的信任和依赖，从而支持更为准确的决策制定。

构建可视化管理界面是提升用户体验的重要手段。通过可视化界面，用户可以方便地监控 ETL 流程的运行状态，并获得直观的数据流和处理结果展示。这样，用户不仅能够实时了解数据处理的进展，还能快速识别和解决潜在的问题。可视化管理界面还可以提供详细的日志和报告，帮助用户分析数据处理的性能和效率，为进一步优化 ETL 流程提供依据。

三、数据语义一致性处理

（一）本体建模与知识图谱应用

本体建模的概念在于定义企业财务数据的语义结构和关系，这为智能决策提供了坚实的基础。通过明确财务数据的语义关系，企业能够更好地理解和利用数据，以支持决策过程中的复杂分析和推理。随着企业业务的不断变化，财务数据的语义结构也需要动态调整，以确保其能够准确反映当前的业务需求。这种语义结构的定义不仅提升了数据的可用性，还增加了数据在不同系统间的互操作性，促进了数据的共享和协同。

知识图谱的构建方法是整合多源异构财务数据的有效手段。通过构建知识图谱，企业可以形成一个可视化的知识网络，便于信息的检索和分析。知识图谱不仅能够有效整合来自不同来源的数据，还能通过其可视化特性帮助企业快速识别数据之间的潜在关系和模式。这种整合能力极大地提高了企业在面对复杂数据环境时的分析效率和决策质量。此外，知识图谱的可视化特性使复杂的数据关系更加直观，有助于企业管理层在决策过程中进行更为精准的分析和判断。

在数据共享中，本体建模发挥着重要作用。通过定义标准化的数据语义结构，本体建模促进了不同系统之间的数据的互操作性。这种互操作性对于现代企业尤为重要，因为它提高了数据的可用性和一致性，从而支持跨部门、跨系统的数据共享和协同工作。本体建模不仅帮助企业实现数据的无缝对接，还为数据的准确性和可靠性提供了保障。这种数据共享能力使企业能够更好地协调内部资源，优化业务流程，提高整体运营效率。

知识图谱在智能决策支持中具有广泛的应用。通过关联分析和推理机制，知识图谱能够帮助企业进行财务预测与决策优化。在智能决策过程中，知识图谱可以快速识别数据之间的复杂关系，并通过推理机制提供有价值的决策建议。这种能力使企业能够在动态变化的市场环境中保持竞争优势。知识图谱的应用不仅提高了企业的决策效率，还为其提供了更为准确的市场洞察和预测能力，从而支持企业的战略规划和实施。

为了确保数据模型的时效性和准确性，本体建模与知识图谱的更新机制至关重要。随着业务环境的变化，企业必须及时调整数据模型，以保持其对当前业务的适应性。这种更新机制不仅包括对数据模型本身的调整，还涉及对知识图谱中数据关系的重新定义和优化。通过不断更新和优化数据模型，企业能够确保其财务数据始终处于最新状态，从而支持更为精准和有效的智能决策。

（二）同义词与歧义词标准化

在数据治理过程中，同义词与歧义词的标准化是确保数据语义一致性的重要环节。数据处理中的同义词和歧义词问题，往往会导致数据解释的偏差和误解，影响智能决策的准确性。因此，构建一个全面的同义词库是至关重要的。通过系统地收集和整理不同领域的术语，可以确保在数据处理过程中，使用的术语具有一致性和准确性。这不仅有助于减少数据歧义带来的误解，还能提高数据分析的效率和决策的可靠性。

同义词库的构建需要结合行业背景和实际应用场景，确保其在数据处理中的实用性。通过对行业术语的深入研究，明确不同术语在不同上下文中的使用情况，能够有效避免同义词和歧义词带来的语义混淆。歧义词的识别与分类尤为重要，它要求对词义进行精确的区分，以明确不同上下文中词义的差异。这一过程需要结合人工智能技术，特别是自然语言处理技术的辅助，以提高识别的准确性和效率。

制定同义词和歧义词的标准化规则，为数据处理提供统一的术语使用指导，是实现数据语义一致性的关键步骤。这些规则需要全面覆盖可能出现的语义变体，并提供明确的使用指引，确保在数据处理和分析过程中，术语使用的一致性和准确性。同时，建立术语审核机制，定期评估和更新同义词与歧义词的标准，能够确保其适用性和前瞻性。随着数据环境的变化和技术的发展，这一机制能够及时响应新的语义需求，维护数据处理的高效性。

利用自然语言处理技术辅助同义词与歧义词的自动识别与标准化，是提高数据处理效率的重要手段。通过机器学习算法和语义分析技术，可以自动化地识别和分类同义词与歧义词，减少人工干预的成本和时间。这不仅提高了数据处理的效率，还保证了数据语义一致性的持续性和稳定性。在智能决策的背景下，这一过程的自动化处理，为企业提供了更为精准和高效的数据分析能力，推动了企业财务数智化绩效评价体系的构建和优化。

（三）跨领域数据语义对齐

随着企业信息化和智能化的不断推进，数据的来源和类型日益多样化，如何在不同领域的数据之间实现语义一致性，成为数据治理中的一大挑战。跨领域数据语义对齐的定义涉及在不同领域中找到共同的语义基础，以便在数据整合时减少误解和信息丢失。其重要性在于，它不仅提高了数据整合的效率，还确保了数据分析结果的准确性和可靠性。因此，理解并有效实施跨领域数据语义对齐，是企业提高数据质量和智能决策能力的关键。

为了实现不同领域之间的数据模型映射，必须探讨数据结构和语义的有效转换方法。数据模型映射是跨领域数据语义对齐的核心技术之一，其目的是在保持数据语义完整性的前提下，将不同领域的数据模型进行转换和整合。这一过程通常涉及语义映射、数据转换规则的制定以及语义冲突的解决。通过语义映射，可以识别和对齐不同数据源中具有相同或相似意义的元素，从而实现数据的无缝集成。这不仅要求对数据本身有深入的理解，还需要对相关领域的知识有充分的掌握。

在跨领域数据语义对齐的技术手段中，机器学习和自然语言处理等工具和算法发挥了重要作用。机器学习技术通过模式识别和自动学习，能够有效地处理大规模数据集中的语义对齐问题。而自然语言处理技术则通过对文本数据的分析，实现了对非结构化数据的语义理解和对齐。这些技术手段的结合，为跨领域数据语义对齐提供了强有力的支持，使数据整合过程更加智能化和自动化。此外，随着技术的不断发展，新的工具和算法不断涌现，为跨领域数据语义对齐提供了更多的可能性。

四、数据整合平台与工具

（一）主流数据集成工具对比

在当今数据驱动的商业环境中，数据集成工具已成为企业实现数据整合和标准化的关键组件。主流数据集成工具在功能和效率上各有千秋。通过对比这些工具，可以发现它们在数据提取、转换和加载（ETL）能力的强弱上存在显著差异。某些工具在数据提取上表现出色，能够快速从多种源头获取数据，而另一些工具则在数据转换和加载过程中提供了更为强大的功能支持。这种功能上的差异直接影响企业在选择工具时的决策，尤其是在考虑数据处理的复杂性和业务需求的情况下。

数据集成工具的用户界面友好性是一个重要的考量因素。一个直观且易于操作的用户界面能够显著降低用户的学习曲线，提高使用效率。这对于那些需要快速部署和应用数据集成工具的企业尤为重要。用户界面设计得越好，用户在使用过程中遇到的障碍就越少，从而可以更快地实现数据整合的目标。此外，用户界面的友好性还影响到企业培训新员工的效率，降低了整体的时间和成本投入。

不同数据源的支持程度是衡量数据集成工具的重要指标之一。企业通常需要处理来自多种数据库和文件格式的数据，因此，工具对不同数据源的兼容性直接决定了其适用范围。一些工具能够无缝支持多种数据库和文件格式，提供了更高的灵活性和适应性，而另一些工具可能在兼容性上有所限制，这需要企业在选择时根据自身的数据环境进行评估和权衡。

数据集成工具的性能表现，包括处理速度和并发处理能力，是企业在选择工具时不可忽视的因素。高效的数据处理能力能够显著提高企业的数据管理效率，尤其是在面对大规模数据集成任务时。性能表现优异的工具可以在短时间内完成大量数据的处理任务，从而支持企业快速响应市场变化和业务需求，提高整体竞争力。

（二）低代码/无代码数据整合方案

低代码/无代码数据整合方案在现代企业数据管理中逐渐成为一种重要趋势。这类平台的定义和特点在于其用户友好性和快速开发能力，尤其适合那些没有技术背景的用户进行操作。通过降低技术门槛，这些平台使非技术人员也能参与数据整合的流程中，从而提高了数据管理的效率。低代码/无代码平台通过提供直观的界面和简化的操作步骤，使用户可以更轻松地进行数据整合，进而提高企业在数据驱动决策过程中的响应速度。

在数据整合过程中，低代码/无代码平台通过可视化界面实现数据整合，用户可以通过拖放操作简化数据处理流程。这种界面设计不仅提升了用户的操作体验，也显著降低了对专业技术知识的要求。用户可以通过简单的图形化操作来完成复杂的数据整合任务，极大地缩短了开发周期。这种方式不仅提高了效率，还减少了可能出现的错误，从而保障了数据整合的质量和准确性。

低代码/无代码平台通常集成了预构建的数据连接器，这些连接器支持多种数据源的快速接入。通过这种方式，企业可以更灵活地整合来自不同系统的数据，提高数据整合的灵活性和效率。这种集成能力使企业能够快速响应市场变化和业务需求，确保数据的及时性和准确性。在多源异构数据的整合中，这种灵活性尤为重要，因为它能够帮助企业在复杂的数据环境中保持竞争优势。

为了进一步提高用户体验和操作效率，低代码/无代码平台还提供模板和向导功能。这些功能帮助用户快速构建数据流和转换规则，减少手动编码的需求。通过使用模板，用户可以快速启动数据整合项目，而向导功能则引导用户完成每一个步骤，确保其能够顺利完成复杂的数据处理任务。这种设计不仅提高了用户的操作效率，也降低了项目的实施风险。

（三）实时数据同步与批处理优化

实时数据同步与批处理优化是现代数据处理系统中至关重要的环节。在实时数据同步技术的架构设计中，关键在于有效集成数据源监控、数据流管道和实时处理引擎。这一架构不仅需要灵活应对多源异构数据的挑战，还需确保数据在传输和处理过程中保持高效和准确。数据源监控是实时数据同步的基础，通过对数据源的持续监控，可以及时捕获数据变化，并通过数据流管道将这些变化传递至实时处理引擎，确保数据的实时性和一致性。

批处理优化策略的实施对于提高数据处理效率十分重要。通过数据分片、并行处理和任务调度等策略，可以显著提高批处理的效率。数据分片将大规模数据集划分为更小的部分，使并行处理成为可能，从而加快数据处理速度。与此同时，任务调度机制的引入，能够合理分配计算资源，避免资源冲突和浪费，进一步优化批处理流程。这些策略的综合应用，不仅提高了数据处理的效率，也为数据的快速响应奠定了坚实的基础。

实时数据同步与批处理的协调机制是确保两者在数据处理流程中无缝衔接和信息一致性的关键。通过建立有效的协调机制，可以实现实时数据同步与批处理之间的高效协作，避免数据处理中的瓶颈和信息不一致问题。协调机制的核心在于精确的时间同步和数据一致性管理，这要求在设计和实施过程中，充分考虑数据处理的时效性和准确性，确保数据在不同处理阶段的无缝衔接。

数据同步延迟的监控与管理是保障系统性能和数据一致性的关键环节。采用延迟检测算法，可以及时识别和解决数据更新滞后的问题，确保数据同步的实时性和准确性。通过对数据同步延迟的持续监控，能够有效预警潜在的性能问题，并在问题发生前采取措施进行调整和优化，从而保障整个数据处理系统的稳定性和高效性。

使用缓存机制提升实时数据访问速度是优化数据处理性能的有效手段。缓存机制通过在内存中存储频繁访问的数据，减少了对后端数据库的直接访问，从而降低了数据库的负载，提升了系统的响应速度。缓存机制的合理设计和优化，不仅可以提高数据访问的效率，还能在一定程度上保障系统的性能稳定，为用户提供更加流畅的使用体验。

第二节 数据质量评价体系

一、数据质量评价指标

（一）完整性

数据完整性在数据质量评价中占据核心地位，其定义强调数据集是否包含所有必要的信息，以支持准确的分析和决策。完整性不仅是数据的数量问题，更涉及数据的全面性和信息的充分性。在企业的财务数智化过程中，完整的数据集能够为智能决策打下坚实的基础，避免因信息缺失而导致的错误判断。完整性评价需要考虑数据的各个方面，包括数据项的全面性、数据的逻辑结构以及信息的时间性等。

缺失值的识别与处理是确保数据完整性的重要环节。缺失值的存在可能导致分析结果的偏差，因此必须通过有效的方法进行识别和处理。在数据处理过程中，常用的方法包括插补、删除或使用统计模型进行估算。每种方法都有其适用的场景和局限性，选择合适的处理方法需要根据数据的特性和分析的需求进行权衡。缺失值的正确处理可以减少数据偏差，提高数据分析的准确性和可靠性，从而为企业的智能决策提供更为可靠的依据。

数据关系的完整性关注的是数据之间的逻辑关系是否得到维护。这包括数据表之间的关联性、数据项之间的约束条件等。数据关系的完整性确保了数据的互联性和一致性，对于复杂的数据分析和决策支持至关重要。在企业财务数智化中，数据关系的完整性可以提高数据的利用效率，避免因数据不一致而导致的分析错误。因此，在数据治理过程中，必须建立和维护良好的数据关系，确保数据的高效流动和准确应用。

数据来源的验证机制是提升数据可信度和有效性的重要手段。只有来自可靠渠道的数据才能用于决策分析，从而保证分析结果的准确性和决策的科学性。在数据质量评价体系中，验证机制包括对数据来源的审核、数据采集过程的监控以及数据存储和传输的安全性检查。

（二）准确性

准确性是数据质量评价中的核心指标，其着重于数据值与真实世界对象或事件之间的匹配程度。这种匹配程度直接影响到数据分析结果的可靠性，进而影响企业智能决策的有效性。数据准确性确保了在进行财务数智化绩效评价时，所依赖的数据能够真实反映企业的实际运营状况，从而为决策打下坚实的基础。通过准确性指标的评估，企业能够识别和修正数据中的偏差，减少因数据错误导致的误判风险，提升决策的科学性和合理性。

为了确保数据的准确性，建立有效的数据验证方法至关重要。数据验证涉及对数据源的对比和校验，以确保数据的真实性和一致性。通过对比不同数据源的信息，企业可以识别出数据中的异常或不一致之处，从而采取相应的措施进行调整。数据验证不仅是一个技术问题，还是一个管理问题，需要企业建立完善的流程和制度，确保数据从采集到存储的每一个环节都经过严格的验证，以减少潜在的错误和偏差。

在数据录入过程中的准确性控制是数据质量管理的重要环节。在数据录入阶段，实施双重录入或自动校验机制，可以有效降低人为错误的发生概率。双重录入要求不同的操作人员分别录入相同的数据，然后进行对比，以发现并纠正录入错误。而自动校验机制则依靠计算机程序对录入数据进行实时检查，识别出可能的错误并提示操作人员进行修正。这些措施不仅提高了数据的准确性，还能显著提高数据录入的效率和可靠性。

（三）一致性

数据一致性是指同一数据在不同的数据源和系统中应保持相同的值和含义。这一标准确保了数据在传输和分析过程中不会因来源差异而导致结果偏差。数据一致性的重要性在于，它能够确保分析结果的可靠性，从而为企业的战略决策提供坚实的基础。企业在进行数据整合时，必须优先考虑数据的一致性，以避免因数据不一致而导致的误导性结论。

为了维护数据的一致性，企业需要建立一套完善的数据一致性维护机制。这包括数据同步、版本控制和数据审核流程等措施。数据同步是指在不同系统之间实时更新数据，以确保所有系统中的数据都是最新的；版本控制是通过记录数据的不同版本，确保在数据更新时能够追溯到先前的状态；数据审核流程是通过定期检查和验证数据的准确性和完整性，防止因数据更新不及时造成的信息不一致。这些机制的建立能够有效减少数据不一致的发生，提高数据质量。

跨系统数据一致性检查是确保数据一致性的关键步骤。通过自动化工具，企业可以定期对比不同系统中的数据，及时发现并纠正不一致的问题。这些工具能够自动识别数据差异，并提供详细的差异报告，帮助企业迅速定位问题来源。这种自动化的检查方式不仅提高了数据管理的效率，也降低了人为错误的可能性，确保企业在数据驱动决策时的准确性。

数据一致性对决策支持的影响不可小觑。高一致性的数据能够提升分析结果的可信度，从而为企业提供更为精准的决策依据。数据的一致性不仅影响到日常运营决策，还对企业的长期战略规划产生深远影响。通过确保数据一致性，企业能够在快速变化的市场环境中作出更为明智的决策，增强其市场竞争力和适应能力。

（四）时效性

时效性的核心在于确保数据能够支持及时且准确的决策，从而在快速变化的市场环境中保持竞争优势。数据的时效性直接影响企业的决策效率和市场反应速度，因此，在数据管理过程中，时效性被视为优先关注的要素。通过理解和应用时效性原则，企业可以有效地将数据转化为有价值的决策支持工具。

为了确保数据的时效性，企业需要建立数据更新频率的标准。这样的标准有助于确保数据能够在规定的时间内进行更新，以反映最新的业务动态和市场变化。这一过程不仅要求技术上的支持，还需要业务流程的配合，以便在数据采集、处理和分发的各个环节中保持一致性和及时性。通过对数据更新频率的严格管理，企业可以确保其决策依据的数据始终是最新和最相关的，从而提高决策的准确性和有效性。

在数据管理实践中，实施数据过时监测机制是维护数据时效性的关键措施之一。通过定期审查数据的有效性，企业可以及时识别和替换陈旧或不再适用的数据。这一机制需要结合自动化工具和人工干预，以确保数据审查的全面性和准确性。通过这样的监测机制，企业能够有效地管理和控制数据的生命周期，避免因数据过时而导致的决策失误，从而在竞争激烈的市场中保持领先地位。

时效性对决策过程的影响不容忽视。及时获取和使用最新数据能够显著提升决策的准确性和响应速度，这对于企业在动态市场中的竞争力至关重要。通过优化数据时效性，企业不仅可以提高自身的决策效率，还能更好地适应市场变化，抓住新的商业机会。

二、数据质量评估方法

（一）定量评估

定量评估在数据质量评价中扮演着至关重要的角色。通过精确的量化手段，能够客观地反映数据质量的实际状况。在选择和设计定量评估指标时，必须确保这些指标能够全面覆盖数据质量的各个方面，包括完整性、准确性、一致性和时效性。这些指标不仅需要具备统计学上的显著性，还应具有实际业务中的应用价值。完整性指标可以通过数据的缺失率来衡量，准确性可以通过数据与真实值的偏差来评估，而一致性和时效性则需要结合历史数据进行对比分析，以确保数据在不同时间和环境下的稳定性。

在数据采集与样本选择的过程中，采用科学的抽样方法至关重要。随机抽样和分层抽样是常用的技术，可以有效提高评估结果的代表性和可靠性。随机抽样能够保证每个数据点有同等的机会被选中，从而减少偏差；分层抽样通过将数据划分为若干层次，确保每一层次的数据特征都能被充分代表。这些方法的运用需要结合企业的数据规模和特征，确保采集的样本能够真实反映整个数据集的质量。

定量评估工具的选择与运用同样至关重要。现代统计分析软件和数据可视化工具为数据质量的量化分析提供了强有力的支持。通过这些工具，可以生成易于理解的报告，帮助企业决策者迅速掌握数据质量的整体情况。这些工具不仅可以进行复杂的统计分析，还能通过图表直观地展示数据质量的变化趋势和存在的问题，从而为企业的数据治理提供有力的支持。

定期开展数据质量审计是确保数据持续可靠性的有效措施。通过定量评估方法对数据进行周期性检查，可以及时发现和纠正数据质量问题。这种审计机制不仅能够帮助企业保持高水平的数据质量，还能为数据治理提供持续改进的方向。审计结果应当被纳入企业的数据治理策略中，以确保数据质量问题能够得到及时解决，并防止类似问题的再次发生。

（二）定性评估

定性评估在数据质量评价体系中扮演着不可或缺的角色。它不仅是对数据质量的补充性评估，还是对数据完整性和一致性的重要保障。定性评估的定义涉及对数据特性的描述和分析，而其重要性体现在能够揭示数据背后隐藏的潜在问题。通过定性评估，企业能够更全面地了解数据在不同应用场景中的表现，从而为数据质量的提高提供有力支持。在数据质量评估中，定性评估方法通过对数据的主观判断，弥补了定量评估的不足，使整体评估更为全面和深入。

通过专家访谈和焦点小组讨论，收集用户对数据使用的反馈是定性评估的重要步骤。这些方法能够深入挖掘用户在数据使用过程中遇到的实际问题和需求，为数据质量的改进提供宝贵的指导。专家访谈可以提供专业的见解和建议，而焦点小组讨论则能集思广益，综合不同用户的意见和经验。通过这两种方式，企业能够更好地理解数据在实际应用中的表现和不足，从而制定更具针对性的改进措施，提高数据质量。

实施数据质量评估的场景分析是确保数据能满足特定应用需求的关键步骤。不同业务场景对数据质量的要求各不相同，因此需要针对具体场景进行详细的分析和评估。通过场景分析，企业可以明确哪些数据特性对特定业务活动至关重要，并据此调整数据质量评估的重点。这种方法不仅提高了评估的精确性，还能确保数据在不同应用中的有效性和可靠性，为企业决策提供坚实的数据基础。

建立标准化的定性评估流程对于提高评估结果的可靠性至关重要。标准化流程能够确保评估方法的一致性和可重复性，从而使评估结果具有更高的可信度。在数据质量评估中，定性评估的标准化流程包括明确的评估步骤、清晰的评估标准以及详细的评估记录。这些要素共同构成了一个系统化的评估框架，为企业提供了一个稳定的评估工具，帮助其持续改进数据质量。

（三）基准测试与对比评估

在数据质量管理中，基准测试与对比评估是确保数据质量客观性和一致性的关键方法。基准测试通过标准化的测试流程，提供了一种系统性的方法来评估数据的质量。这一过程不仅有助于识别数据中的缺陷和不足，还能为后续的数据治理策略提供明确的方向。通过基准测试，可以对数据的完整性、准确性、及时性等多个维度进行全面评估，从而为企业在数据驱动决策中提供坚实的基础。基准测试的定义和目的在于通过一套预先设定的标准，确保数据质量评估的客观性和一致性。这种方法不仅能够识别数据中的潜在问题，还为企业提供了一个可持续改进的数据质量管理框架。

在实施对比评估时，需要经过一系列严谨的步骤。首先，选择适当的对比对象是至关重要的，这一过程需要考虑到数据的来源、类型以及使用场景。其次，设定评估标准是确保评估结果具有可比性的重要环节。这些标准应当反映出企业对数据质量的具体要求，并能适应不同的数据环境。最后，收集数据是对比评估中不可或缺的步骤，通过对比分析，能够揭示出不同数据源之间的质量差异。这一系列步骤的精确执行，确保了评估结果的有效性和可比性，为企业的数据治理提供了可靠的依据。

基准测试与对比评估在数据质量管理中具有重要作用，尤其在持续改进和优化数据质量方面。通过定期的基准测试，企业可以及时发现数据质量的变化趋势，并采取相应的改进措施。对比评估提供了一种动态的视角，使企业能够在不同的数据环境中保持一致的数据质量标准。这种双管齐下的评估策略，不仅提高了数据质量管理的效率，还提升了企业在数据驱动决策中的竞争力。

在不同数据源和系统之间实施基准测试策略时，需要考虑如何通过统一的标准来评估各自的数据质量。这一挑战要求企业在制定评估标准时，充分考虑到各个数据源的特性和数据使用的具体需求。通过建立统一的评估框架，企业可以在多样化的数据环境中，保持一致的数据质量标准。这种策略不仅有助于提高数据的整体质量，还能在跨系统的数据整合中，确保数据的一致性和可靠性。

三、数据质量改进策略

（一）数据质量的根因分析

根因分析是一种系统性的方法，旨在识别数据质量问题的根本原因，从而制定有效的改进措施。通过深入挖掘问题的本质，企业可以避免重复出现相似的问题，提高数据管理的效率和质量。根因分析并不仅仅停留在表面现象的处理，而是通过系统性的思考和工具的应用，找到问题的源头，为企业提供更具针对性的解决方案。这一过程需要企业具备一定的专业知识和技术能力，以确保分析结果的准确性和有效性。

在进行根因分析时，数据质量问题的分类是一个重要环节。常见的问题包括数据录入错误、数据处理不当和数据源不可靠等。这些问题往往会对企业的数据决策产生负面影响，因此识别并分类这些问题有助于企业聚焦于最关键的改进领域。通过明确问题的类型，企业可以更有针对性地进行资源分配和策略制定，从而有效提高数据质量的整体水平。

为了辅助识别和分析数据质量问题的根源，企业可以使用多种数据质量工具和技术，如数据挖掘和统计分析。这些工具和技术能够帮助企业快速定位问题所在，并提供数据支持以验证分析的准确性。通过应用这些工具和技术，企业不仅能够提高分析的效率，还能确保分析结果的可靠性，为后续的改进措施提供坚实的基础。

建立跨部门协作机制是数据质量根因分析中不可或缺的一部分。不同业务部门在数据质量问题上可能会有不同的视角和经验，通过共享信息和经验，企业能够获得更加全面的解决方案。跨部门协作不仅能提高问题解决的效率，还能促进企业内部的知识共享和能力提升，为数据质量管理创造良好的内部环境。

（二）数据修复与补全技术

数据修复与补全技术在现代数据管理中扮演着至关重要的角色。随着企业对数据依赖程度的加深，数据质量问题成为制约企业智能决策的重要因素。数据修复技术的定义涉及通过技术手段识别并修复数据中的错误或缺失部分，以提升数据的完整性和准确性。在应用场景中，这些技术被广泛应用于数据迁移、数据集成以及实时数据流处理中，确保数据的高效利用。在数据质量管理中，数据修复技术不仅提高了数据的可靠性，还为企业提供了更为坚实的数据基础，支持其在快速变化的市场环境中作出精准决策。

补全技术的多样性使其在不同的应用场景中展现出独特的优势。基于规则的补全方法通过预定义的规则集对数据进行补全，适用于结构化数据环境；统计学方法通过分析数据分布特征进行补全，更适用于大数据环境中的缺失值处理；机器学习算法凭借其强大的学习能力，能够在复杂数据环境中实现高效的补全。这些技术各有优劣，企业需根据自身数据环境选择合适的补全策略，以达到最佳效果。通过合理应用补全技术，企业可以显著提升数据的完整性和一致性，为智能决策提供可靠的数据支撑。

在数据修复与补全过程中，验证机制的引入是确保数据修复效果的关键。通过设定数据质量标准和验证规则，企业能够在修复后对数据进行多层次的验证，确保其符合预定的质量标准。验证机制的有效性直接影响数据修复的可靠性和有效性。常见的验证方法包括数据一致性检查、逻辑校验以及跨系统数据对比等，这些方法能够有效识别和纠正数据中的潜在问题，进一步提高数据的质量和可信度。

数据修复与补全的自动化工具与平台的出现，为企业的数据处理带来了革命性的变化。现代技术解决方案如 ETL 工具、数据质量管理平台等，通过自动化的流程和智能化的算法，大幅提高了数据处理的效率和准确性。这些工具不仅降低了人工干预的需求，还通过实时监控和反馈机制，确保数据修复和补全的过程透明可控。企业在选择工具时，应综合考虑其功能、灵活性和扩展性，以满足不断变化的业务需求。

（三）数据质量监控与预警机制

数据质量监控与预警机制在现代企业的财务数智化过程中扮演着至关重要

的角色。通过建立实时数据监控系统，企业可以自动检测数据的完整性、准确性和一致性等关键质量指标。这种系统不仅能够及时发现潜在问题，还可以为管理层提供数据异常的预警信号，从而为企业决策提供坚实的数据基础。实时监控的优势在于其能够在数据问题发生的初期阶段即刻采取行动，避免问题扩大化，并保障数据的高效利用。

实施数据质量预警机制需要设置合理的阈值和警报规则，以便在数据异常时自动通知相关人员采取措施。这种机制的核心在于其自动化和智能化，能够在最短的时间内将数据问题传递给负责人员，确保问题的快速响应和解决。通过对数据异常的及时处理，企业能够有效降低数据错误带来的风险，并提高整体数据管理水平。预警机制的设置还需考虑不同类型数据的特性，制订多层次、多维度的监控方案，以实现全面的数据质量保障。

定期生成数据质量报告是数据质量监控与预警机制的重要组成部分。通过这些报告，企业管理层可以获得全面的质量评估结果和趋势分析。这些信息不仅帮助管理层了解当前的数据状况，还为其制定未来的数据管理策略提供依据。数据质量报告应涵盖数据的各项质量指标，并提供可视化的趋势分析，以便于管理层快速洞察数据变化和潜在风险，从而在企业运营中作出更加精准的决策。

整合数据质量监控工具与现有的信息系统是实现无缝集成和高效运行的关键。通过这种整合，企业可以在不改变现有系统架构的情况下，提升数据监控的效率和精准度。整合过程需要考虑企业现有系统的兼容性和扩展性，以确保监控工具能够与不同系统顺畅协作。高效的系统整合不仅可以提高数据质量监控的响应速度，还能减少由于系统隔离带来的数据管理障碍。

四、基于 AI 的异常检测与纠错机制

（一）无监督学习在数据异常检测中的应用

无监督学习在数据异常检测中的应用日益受到关注，其核心在于通过分析数据的内在结构和分布来识别异常，而不依赖标签数据。这种方法在面对海量数据时尤为有效，因为标注数据的获取通常耗时且成本高昂。无监督学习算法通过识别数据中的模式和规律，能够自动发现那些不符合正常模式的数据点，这为企业在数据质量管理中提供了强有力的工具。通过这样的方式，企业能够在不增加人力成本的情况下，实现对数据异常的自动化检测和处理。

聚类算法是无监督学习中常用的一种方法，其在异常检测中的应用主要体现在通过将数据点分组来识别异常。具体来说，聚类算法会将数据划分为若干个组，每个组中的数据点在某种意义上是相似的，而那些难以归入任何一组的数据点则可能是异常。例如，Kmeans 聚类算法通过最小化组内数据点的距离来进行分组，而那些距离中心较远的数据点往往被视为异常。这种方法的优势在于能够有效识别与众不同的数据点，特别是在数据分布较为复杂的情况下。

基于密度的异常检测方法，如 DBSCAN 算法，能够有效识别低密度区域的异常数据点。这种方法通过考察数据点的密度分布来判断异常，尤其适用于处理含有噪声的数据。在 DBSCAN 中，通过设定密度阈值，能够区分出密集区域和稀疏区域，从而识别出稀疏区域中的异常数据点。这种方法不仅能够识别出孤立的异常点，还能够发现异常簇，对于复杂数据集中的异常检测具有重要意义。

自编码器作为无监督学习的一种深度学习方法，在数据异常检测中也有着广泛的应用。自编码器通过将输入数据压缩成低维表示，再重构回原始数据，从而识别重构误差较大的样本作为异常。这种方法的优势在于能够捕捉数据的非线性特征，特别适用于高维数据的异常检测。通过自编码器，企业能够自动检测出那些在重构过程中产生较大误差的数据点，从而提高数据质量。

（二）自动纠错与数据修复算法

随着数据量的爆炸式增长和数据复杂性的增加，传统的手动数据校正方法已经难以满足实际需求。自动纠错算法通过学习数据特征和识别数据模式，能够有效识别并修复数据错误。这种算法的基本原理在于利用人工智能技术，从大规模数据集中提取规律，并通过模式识别技术定位异常数据点，从而实现自动化的错误识别与修正。这不仅提高了数据处理的效率，也大幅降低了人为错误的概率，为企业提供了可靠的数据基础。

基于规则的自动修复技术是自动纠错与数据修复算法中的重要组成部分。该技术依赖预定义的规则和逻辑，对数据进行自动校正，以确保其符合特定的业务需求。这些规则通常由领域专家根据业务逻辑和数据特性制定，能够快速识别并修正常见的数据错误。例如，在财务数据处理中，基于规则的技术可以自动识别不符合会计准则的数据项，并进行相应的调整。这种方法的优势在于其高效性和可解释性，能够在短时间内处理大量数据，并提供明确的修正依据。

机器学习算法在数据修复中的应用日益广泛，特别是在利用监督学习模型预测和填补缺失数据方面。通过训练模型，机器学习算法可以识别数据集中各个特征之间的关系，并在数据缺失或异常时，利用这些关系进行预测和修复。这种方法不仅提高了数据的完整性，还能在一定程度上揭示数据背后的潜在模式，为决策提供支持。此外，机器学习算法的自适应性使其能够随着数据的变化不断优化，保持较高的准确性和效率。

在数据修复过程中的验证机制是确保修复后数据质量的关键环节。在自动纠错与数据修复的过程中，验证机制通过严格的质量控制，确保修复后的数据符合预设标准。这包括对修复结果的准确性、完整性和一致性的检验，确保数据的可靠性。验证机制通常结合统计分析和人工审核，以实现对修复结果的全面评估。通过这一过程，企业可以确保数据在修复后仍保持高质量，为后续的数据分析和决策提供可靠的基础。

自动纠错与数据修复算法的集成是实现高效数据质量管理的关键。通过将多种技术结合应用，企业能够实现更高效和准确的数据管理。这种集成不仅包括算法和技术的结合，还涉及数据管理流程的优化和工具的有效应用。通过集成，企业可以在数据校正和修复过程中实现协同增效，最大限度地提高数据处理的效率和准确性。

（三）动态阈值调整与自适应优化

动态阈值调整与自适应优化在现代数据质量管理中扮演着至关重要的角色。动态阈值的定义与意义在于其能够根据实时数据监控的需求，灵活地适应数据波动所带来的挑战。这种灵活性使企业能够在数据环境发生变化时，迅速调整监控标准，确保数据质量始终符合业务需求。通过动态阈值的应用，企业不仅可以提高异常检测的准确性，还能在数据波动中保持稳定的监控效果。

设计动态阈值调整算法需要深入分析历史数据与实时数据流的变化。通过对这些数据的研究，算法能够自动更新阈值，从而提高异常检测的准确性。这一过程不仅依赖对数据变化规律的把握，还需要考虑数据波动的频率和幅度。通过精心设计的算法，企业可以在数据异常发生时，迅速识别并采取措施，避免数据错误对业务造成不利影响。

自适应优化机制的构建是动态阈值调整的重要组成部分。通过机器学习模型的应用，系统能够不断学习数据模式，实现对阈值和检测规则的智能调整。这种机制不仅提高了异常检测的效率，还能在数据环境发生变化时，自动调整检测标准，确保数据质量管理的持续优化。通过自适应优化，企业能够在复杂的数据环境中，保持高效的决策支持能力。

动态阈值与业务目标的关联性是数据质量管理的重要考量因素。企业需要根据自身的战略目标与关键绩效指标，动态调整监控阈值，以确保数据质量与业务需求的一致性。这种关联性要求企业在设定阈值时，不仅考虑数据本身的特性，还需结合业务环境的变化，确保数据管理策略能够支持企业的长期发展目标。

第三节　数据安全与隐私保护

一、数据安全风险识别

（一）内部威胁与外部攻击

企业在进行数据安全风险识别时，需同时关注内部威胁与外部攻击。内部威胁的定义涵盖了员工故意或无意泄露数据、滥用权限等行为，这些行为可能会对企业的数据安全造成严重影响。员工在日常操作中，可能因缺乏安全意识或操作失误而导致数据泄露。此外，恶意员工可能通过滥用系统权限进行数据窃取或破坏，给企业带来巨大的安全风险。因此，企业需要建立完善的内部安全管理机制，防止此类事件的发生。

外部攻击则主要包括网络钓鱼、恶意软件和分布式拒绝服务攻击等类型。这些攻击方式不断演进，攻击者利用技术手段对企业系统进行渗透和破坏。网络钓鱼通过伪装成合法的电子邮件或网站，诱骗用户泄露敏感信息；恶意软件可以在用户不知情的情况下窃取或破坏数据；分布式拒绝服务攻击通过大量请求瘫痪目标服务器，造成服务中断。这些外部攻击对企业数据安全构成了极大的威胁，企业需采取有效措施进行防范。

内部威胁与外部攻击之间存在着密切的关系。内部安全漏洞往往被外部攻击者利用，进一步增加了数据泄露的风险。攻击者可以通过社交工程手段获取员工的登录信息，再利用这些信息进入企业内部网络，从而实施更大规模的攻击。因此，企业在识别和防范数据安全风险时，必须同时考虑内部和外部的威胁因素，确保安全防护的全面性和有效性。

识别和评估内部威胁和外部攻击的工具与方法是保障数据安全的重要手段。安全信息与事件管理（SIEM）系统能够实时监控和分析安全事件，帮助企业快速识别潜在威胁。入侵监测系统（IDS）可以自动识别网络中的异常活动，及时发出警报。这些工具的应用，可以有效提高企业对安全威胁的响应速度和处理能力。

（二）数据泄露与非法访问

数据泄露与非法访问是企业在信息化时代面临的重大挑战。数据泄露的主要原因分析显示，技术漏洞、员工失误和外部攻击是导致敏感信息泄露的三大关键因素。技术漏洞通常源于系统开发中的缺陷或未及时更新的安全补丁，黑客可以利用这些漏洞进行攻击；员工失误可能因不当的操作或对安全协议的忽视而导致数据外泄；外部攻击者通过网络钓鱼、恶意软件等手段入侵企业系统，窃取机密数据。这些都对企业的数据安全构成了严峻的威胁。

非法访问是指未授权用户通过各种手段获取企业内部数据，造成安全隐患的行为。这种行为的表现形式多样，包括但不限于通过窃取登录凭证、利用系统漏洞进行未授权的访问，以及内部人员利用职务便利进行数据滥用等。非法访问不仅侵害了企业的数据安全，还可能导致企业战略信息的外泄，对企业的竞争力造成不可逆转的损害。此外，这种行为往往难以被及时发现，给企业带来持久的安全隐患。

数据泄露与非法访问对企业声誉和财务的影响是深远的。首先，这些事件会导致客户信任度的下降，客户可能会因担心个人信息安全而选择离开企业。其次，企业可能面临巨额的经济损失，包括应对安全事件的直接成本、法律诉讼费用以及因客户流失导致的营收下降。对于上市公司而言，数据泄露事件还可能影响其股价，进一步加剧财务损失。因此，企业必须高度重视数据安全，采取有效措施防范数据泄露和非法访问。

为了有效监测和预防数据泄露与非法访问，企业需要实施一系列的安全措施。首先，访问控制是确保只有授权人员能够接触敏感数据的基本手段。其次，数据加密可以在数据被盗取后仍然保持其不可读性，从而保护数据的机密性。最后，安全审计是通过定期检查和监控系统活动，及时发现和响应潜在的安全威胁。这些措施的有效实施，能够大幅度降低数据泄露与非法访问的风险，为企业的数据安全提供坚实的保障。

（三）数据篡改与损坏

数据篡改与损坏是企业在信息化进程中面临的重大安全风险。数据篡改的定义涉及任何未经授权的修改或删除数据的行为，这种行为可能导致信息失真，从而引发决策错误，进而对企业的战略和运营产生负面影响。数据篡改不仅是技术层面的问题，还涉及管理和流程的漏洞。因此，识别数据篡改的风险是企业数据安全策略中的重要组成部分。通过建立有效的监控和审计机制，企业可以在早期阶段检测到异常活动，从而及时采取措施，防止数据篡改对企业造成更大的损失。

数据损坏的原因多种多样，包括硬件故障、软件错误和人为失误等因素，这些问题都可能严重影响数据的完整性和可用性。硬件故障可能源于设备老化或环境条件不佳，软件错误可能是由于程序设计缺陷或更新中的不兼容性引起的，人为失误则可能是由于操作不当或缺乏培训造成的。为了应对这些挑战，企业需要建立全面的数据管理策略，确保数据在整个生命周期内的完整性和可用性，同时通过培训提高员工的数据管理意识和技能。

实施数据完整性验证机制是确保数据在存储和传输过程中未被篡改的关键措施。通过使用校验和、数字签名等技术，企业可以验证数据的完整性，确保其在传输过程中未被恶意篡改。此外，数据完整性验证机制还可以帮助企业识别和纠正数据错误，维护数据的可信度。这种机制不仅能保护企业的核心数据资产，还能增强客户和合作伙伴对企业数据管理能力的信任。

数据备份与恢复策略在数据安全管理中扮演着不可或缺的角色。定期备份数据可以有效防止因篡改或损坏导致的不可逆损失。通过制订详细的备份计划，企业可以确保在任何情况下都能快速恢复关键数据，保持业务连续性。此外，备份策略还应包括异地备份和定期恢复演练，以提高数据恢复的可靠性和效率。通过这种方式，企业可以在面对数据篡改或损坏时迅速恢复正常运营，降低潜在的经济损失和声誉风险。

二、数据分布式存储

（一）分布式存储架构设计

在现代企业的数据管理中，分布式存储架构设计是一个至关重要的环节。

分布式存储架构的基本组件包括数据节点、元数据服务器和客户端。这些组件相互协作，确保系统的高可用性和扩展性。数据节点负责存储和管理实际的数据块，元数据服务器则维护关于数据位置和结构的信息，而客户端则充当用户与存储系统之间的接口。通过这种设计，系统能够在面对大量数据访问请求时保持高效运作，并能根据需求进行水平扩展。这种架构设计不仅提高了系统的处理能力，还增强了其在企业环境中的适应性。

在分布式存储系统中，数据分片策略的设计是提高存储效率和访问速度的关键。根据数据特征和访问模式进行合理的分区，可以显著优化系统性能。具体而言，数据分片策略需要考虑数据的大小、访问频率以及访问模式等因素，以便在分布式环境中实现负载均衡和快速的数据检索。合理的分片策略不仅能够减少数据冗余，还能降低系统的存储成本和提高数据访问的速度，从而为企业的数据管理提供更为高效的解决方案。

在分布式存储系统中，容错机制的实施至关重要。通过数据冗余和备份策略，可以确保在节点故障时，数据的完整性和可用性得到有效保障。数据冗余通常通过复制多个数据副本来实现，这样即使某个节点发生故障，系统仍能通过其他节点提供数据服务。此外，定期的备份策略也能在数据丢失或损坏时提供恢复手段。容错机制的有效实施，不仅增强了系统的可靠性，还为企业的数据安全提供了坚实的保障。

数据一致性模型的选择也是分布式存储架构设计中的一个重要考量。强一致性和最终一致性之间的权衡，决定了系统在不同应用场景下的表现。强一致性保证了所有节点的数据在任何时刻都是一致的，但可能导致较高的延迟；而最终一致性则允许在一定时间内存在数据不一致的情况，但通常能提供更好的性能。企业在选择一致性模型时，需要综合考虑业务需求和系统性能，以满足不同应用场景的需求。

（二）区块链技术的应用

区块链技术的应用在数据存储领域中展现出巨大的潜力，特别是在去中心化特性方面。去中心化结构确保数据的安全性与透明性，同时有效降低单点故障的风险。在传统的中心化存储系统中，数据的安全性往往依赖单一的服务器或数据库，这种模式容易受到攻击或故障的影响。而区块链的去中心化特性通过分布式网络将数据分散存储在多个节点上，即使某个节点出现问题，整体系统依然能够正常运行，从而大大提升了数据存储的可靠性。

区块链技术的不可篡改性为财务数据的完整性和可信度提供了强有力的保障。传统的财务数据存储方式容易受到人为或系统性错误的影响，数据可能被恶意修改或删除。然而，区块链的设计使数据一旦被记录在区块链上，便无法被轻易篡改。这种特性不仅保护了数据的完整性，还提高了数据的可信度，使企业能够更为自信地依赖这些数据进行财务决策和分析。此外，这种不可篡改性也有助于在审计过程中提供更为准确和可靠的财务记录。

智能合约是区块链技术的重要应用，其在财务交易和审计流程中的自动化能力显著提高了操作效率与合规性。智能合约是一种自执行的协议，能够在预设条件满足时自动执行相关操作。这种自动化特性减少了人工干预的需求，降低了人为错误的可能性，同时确保了交易和审计流程的合规性和透明性。通过智能合约，企业可以实现更高效的财务管理和审计流程，节省时间和资源，并在一定程度上减少法律和合规风险。

区块链技术还支持跨组织的数据共享与协作，提升了各方在财务数据处理中的互信机制。在传统的财务数据共享模式中，不同组织之间的数据交换往往面临信任和安全的挑战。区块链的分布式账本特性允许各方在共享数据的同时保持对数据的控制，确保数据的透明性和安全性。这种互信机制不仅促进了跨组织的协作，还为企业间的合作提供了坚实的数据基础，有助于在竞争激烈的市场环境中实现更高效的协同和创新。

（三）数据冗余与灾备恢复

数据冗余与灾备恢复在现代企业的数据管理中扮演着至关重要的角色。企业在面对数据丢失风险时，数据冗余策略的设计与实施显得尤为重要。通过在主存储系统出现故障时迅速切换到备份数据，企业能够确保业务的连续性。这种策略不仅需要考虑数据的完整性和一致性，还要兼顾存储成本和性能的平衡。通过合理的冗余设计，企业可以在不增加过多负担的情况下，提升数据的可用性和可靠性。

灾备恢复计划的制订是数据安全管理的核心环节。明确恢复时间目标和恢复点目标是确保数据能够在丢失后快速恢复到指定状态的关键。在实际操作中，这意味着企业需要在数据丢失发生后的最短时间内恢复业务运作，并将数据恢复到最近的可用版本。这不仅需要技术上的支持，还需要企业在组织层面做好充分的准备，以应对可能出现的各种突发情况。

定期进行灾备演练是检验数据冗余和恢复机制有效性的重要手段。通过模拟真实的灾难场景，企业可以测试其灾备计划的执行效果，确保在实际情况下能够按预期执行并减少恢复时间。在演练过程中，企业需要关注各个环节的协调与配合，及时发现和解决潜在的问题，以提高整体的灾备能力。这种演练不仅是对技术系统的考验，也是对人员应急响应能力的检验。

数据备份的多样化策略是提高数据恢复灵活性与效率的重要手段。全量备份、增量备份和差异备份各有其适用的场景和优势。全量备份提供了最完整的数据恢复选项，但也占用更多的存储空间和时间。增量备份和差异备份在节省资源的同时，提供了更快的备份和恢复速度。通过结合使用这些策略，企业可以在不同的应用场景下，灵活调整备份方案，以满足业务需求。

三、数据加密与访问控制

（一）数据加密技术

数据加密技术在现代企业数据安全策略中扮演着至关重要的角色。它涉及多种方法和技术，旨在保护敏感信息免受未经授权的访问和泄露。对称加密技术是其中的一种基本形式，其核心原理在于使用相同的密钥对数据进行加密和解密。这种方法的优势在于加密和解密速度较快，适用于大量数据的快速处理。然而，密钥的管理成为其最大的挑战，一旦密钥泄露，数据的保密性将不复存在。因此，企业在实施对称加密技术时，必须制定严格的密钥管理策略，以确保数据在传输过程中的安全性。

非对称加密技术则通过公钥和私钥的配对关系，为数据的安全传输和身份验证提供了更高的安全保障。与对称加密不同，非对称加密不需要共享密钥，这在提高安全性的同时，也简化了密钥分发的过程。公钥用于加密数据，而私钥则用于解密，这种机制不仅确保了数据的机密性，还可以用于数字签名，验证发送方的身份，防止数据被篡改。然而，由于非对称加密计算复杂度较高，处理速度相对较慢，因此常用于小规模数据的加密或密钥交换场合。

数据加密标准与协议的选择对于企业的数据安全策略至关重要。常见的加密算法如 AES（高级加密标准）、RSA（RSA 加密算法）等各有优劣，AES 因其高效性和安全性被广泛应用于各种场合，而 RSA 则因其非对称特性在身份验证和密钥交换中占据重要地位。企业在选择加密技术时，应根据具体应用场景权衡安全性与性能之间的关系，确保在满足安全需求的同时不影响系统的运行效率。

加密密钥管理是数据加密技术中不可或缺的一部分。密钥的生成、存储与更新策略直接关系到数据的安全性。有效的密钥管理策略不仅包括定期更新密钥以防止长期使用导致的安全隐患，还需确保密钥的安全存储，防止因密钥泄露而引发的数据安全风险。企业应建立完善的密钥管理体系，利用硬件安全模块等技术手段，加强对密钥的保护，确保数据安全策略的有效实施。

（二）访问控制策略

在现代企业的数据管理中，访问控制策略的制定与实施是确保数据安全的关键环节。通过合理的访问控制策略，可以有效地限制用户对数据和系统功能的访问权限，从而降低数据泄露的风险。基于角色的访问控制策略是一种常用的方法，它根据用户的职责分配访问权限，确保用户仅能访问与其工作相关的数据。这种策略不仅简化了权限管理，还能通过清晰的角色定义来有效防止未经授权的数据访问。

实施基于属性的访问控制策略可以进一步提高访问控制的灵活性和安全性。该策略通过用户属性、资源属性和环境条件等多维度信息动态决定访问权限。这种方法能够在复杂的业务环境中提供更为细致的权限管理，适应多变的业务需求和安全要求。其动态性使企业能够在不影响业务流程的情况下，灵活调整访问权限，从而更好地保护数据安全。

数据访问审计机制的建立也是访问控制策略的重要组成部分。通过记录和监控用户对敏感数据的访问行为，企业可以及时发现异常活动并采取相应措施。这不仅有助于防止数据泄露，还能在数据安全事件发生后提供翔实的审计记录，支持事件调查和责任追溯。访问审计的有效实施要求企业建立完善的监控和分析系统，以便实时识别和响应潜在的安全威胁。

（三）数据脱敏与匿名化处理

数据脱敏技术的重要性体现在其对保护个人隐私和敏感信息的关键作用上。通过在数据使用过程中实施脱敏技术，可以有效防止未经授权的访问者获取敏感信息，从而确保数据的安全性。数据脱敏不仅是技术问题，也是企业在信息化建设中必须面对的现实挑战。随着数据使用场景的多样化，脱敏技术的应用范围也在不断扩大，为企业提供了更为安全的数据使用环境。

常见的数据脱敏方法包括数据替换、数据扰动和数据泛化，这些方法各自有其适用场景和效果。数据替换通常用于将敏感信息以不敏感的数据替代，从而保护原始数据的隐私；数据扰动通过添加噪声或随机化处理，使数据在统计上保持一致性但不再精确，以此来保护隐私；数据泛化通过将具体数据抽象化为更广泛的分类，从而减少识别的可能性。这些方法在不同的应用场景中具有不同的优劣势，企业需要根据具体需求选择合适的脱敏策略。

数据匿名化处理的基本原理是通过去除或替换个人识别信息，实现对数据的非识别性。这种处理方式在保护用户隐私方面具有显著效果。匿名化处理不是对数据进行简单的删除或替换，而是需要在保证数据可用性的同时，确保个人信息无法被识别。通过匿名化，企业可以在数据分析和共享过程中，最大限度地保护用户的隐私，同时仍然能够从数据中提取有价值的信息。

数据脱敏与匿名化处理的法律合规性是企业在数据管理中必须重视的方面。相关法规，如《通用数据保护条例》，对企业的数据处理提出了明确的要求，确保数据管理的合规性。企业在实施数据脱敏和匿名化处理时，必须遵循这些法规，以避免法律风险。这不仅涉及企业的法律责任，也关系企业的声誉和用户信任。

（四）密钥管理与分发

密钥管理与分发在数据安全中扮演着至关重要的角色，其设计和实施直接影响到整个信息系统的安全性。密钥生成机制的设计是密钥管理的基础，确保生成的密钥具备足够的随机性和复杂性，以提高抵御暴力破解和其他攻击的能力。通过采用复杂的算法和随机数生成器，密钥的安全性可以得到极大提升，从而有效防止未经授权的访问和数据泄露事件的发生。密钥生成机制不仅需要考虑当前的安全需求，还需具备一定的前瞻性，以应对未来可能出现的安全挑战。

在密钥管理过程中，密钥的存储安全至关重要。为确保密钥在存储过程中的安全性，通常采用硬件安全模块或安全的云存储方案。HSM（硬件安全模块）作为一种专用的硬件设备，提供了高强度的物理和逻辑安全保护，防止密钥被非法访问和篡改。与此同时，安全的云存储方案也提供了一种灵活且高效的密钥存储方式，通过加密和访问控制机制，确保密钥在云环境中的安全性。这些存储方案的实施不仅保护了密钥的安全，还提升了系统的整体安全防护能力。

密钥的分发流程是密钥管理中的一个关键环节。规范化的密钥分发流程确保密钥在传输过程中的加密和安全传递，防止在分发过程中遭到截取。通过使用安全协议和加密技术，密钥可以在网络中安全传输，有效防止中间人攻击和数据泄露。分发流程的规范化不仅提高了密钥传输的安全性，还提高了整个信息系统的安全管理水平，确保数据在不同节点之间的安全流动。

四、数据安全监测与应急响应

（一）安全监测技术

在数字化转型的背景下，数据安全监测技术成为企业财务数智化绩效评价体系中不可或缺的组成部分。实时数据监控技术的应用，为企业提供了自动化工具，以持续跟踪数据流动。这种技术不仅能够迅速捕捉到潜在的安全隐患，还能在问题发生之前进行预防性干预，确保数据安全。此外，这些技术的应用也大大提高了企业响应安全事件的速度和效率，降低了因数据泄露而导致的损失。通过不断优化和更新监控技术，企业能够在复杂多变的网络环境中保持数据的完整性和安全性。

基于行为分析的安全监测技术通过识别用户行为模式中的异常活动，增强了企业对内部威胁的预警能力。这种技术通过对用户日常操作的分析，能够识别出潜在的威胁行为，从而在威胁行为实际发生之前进行有效的干预。这种预警机制不仅提升了企业的安全防护能力，还在很大程度上减少了因内部威胁造成的数据损失。通过不断完善行为分析模型，企业可以更加精准地识别和应对复杂的安全挑战，确保企业数据的安全性。

数据访问日志分析技术是安全监测技术中的重要一环，它通过定期审查用户访问记录，识别异常访问行为并及时响应。这项技术的核心在于对用户访问行为的全面记录和分析，确保任何异常访问都能被迅速监测到并采取相应措施。这种技术的应用不仅提高了企业对数据访问的可控性，还增强了整体数据安全管理的透明度。通过定期的日志分析，企业能够及时发现和修复安全漏洞，保障数据使用的安全性和合规性。

网络流量监测系统在实时分析网络数据流方面发挥着关键作用，能够监测和阻止可能的恶意攻击和数据泄露事件。通过对网络流量的实时监控，企业可以快速识别出异常流量和潜在的攻击行为，从而采取有效的防御措施。这种技术的应用不仅提高了企业的网络安全防护能力，还为企业提供了一个全面的安全态势感知平台，帮助企业在复杂的网络环境中保持数据安全。

（二）安全事件响应流程与预案

在构建面向智能决策的企业财务数智化绩效评价体系时，数据安全监测与应急响应成为至关重要的一环。安全事件响应流程与预案的制订，是确保企业在面对安全威胁时能够迅速而有效地进行处理的基础。通过建立一套完整的安全事件响应流程，企业可以在事件发生的各个阶段，包括识别、评估、响应、恢复和总结，进行系统化和高效的处理。这不仅有助于减少事件对企业运营的影响，还能为后续的安全策略优化提供宝贵的数据和经验。

建立一个高效的安全事件响应团队，是确保安全事件能够得到及时处理的关键。团队成员的职责和分工需要明确，以保证在紧急情况下，每个人都能迅速进入角色，采取适当的行动。这样的团队通常由安全专家、IT 支持人员以及管理层代表组成，各自负责不同的任务，从技术支持到决策制定，确保事件处理过程的顺畅和高效。明确的分工和职责划分，使团队能够在压力下运作自如，减少因职责不清而造成的延误和混乱。

安全事件响应流程的制定，需要涵盖从事件识别到总结的所有关键步骤。事件识别是整个流程的起点，准确地识别能够帮助企业迅速定位问题源头。接下来的评估阶段则是对事件的严重程度和潜在影响进行判断，以便制定合适的响应策略。响应和恢复阶段要求团队迅速采取行动，控制事态发展并尽快恢复正常运营。最后的总结环节，企业需要对事件处理过程进行回顾，以识别改进空间，并为未来的事件响应提供参考。

事件优先级的分类，是确保资源合理分配和响应策略有效实施的重要环节。根据事件的严重程度和潜在影响，企业需要制定不同的响应策略，以便在资源有限的情况下，优先处理对企业影响最大的事件。这种分类不仅有助于提高事件处理的效率，还能确保关键资源被用于最需要的地方，从而最大限度地降低安全事件对企业的负面影响。

定期进行安全事件响应演练，是检验响应流程有效性和团队协作能力的最佳方式。通过模拟真实的安全事件，企业可以发现流程中的不足，并进行相应的调整和优化。演练还可以提高团队成员的应急反应能力，确保在实际发生事件时，团队能够快速而有效地应对各种突发情况。这种演练不仅是对流程的测试，也是对团队协作和沟通能力的提升。

第四章　模型层构建：智能评价指标与算法设计

第一节　数智化绩效评价指标的创新设计

一、传统评价指标的数字化转型

（一）财务指标的数智化重构

随着信息技术的快速发展，企业在财务管理中引入了更多的数字化工具和智能化手段，以提升财务数据的准确性和实时性。通过数据采集和分析的自动化，企业能够更迅速地获取财务信息，并进行精准的财务分析。这不仅提高了财务管理的效率，还为企业的战略决策提供了更为可靠的数据支持。在这一过程中，企业需要考虑如何有效地整合现有的财务指标体系，使其能够适应数字化和智能化的需求。

财务指标的实时数据采集与分析能力提升是数智化转型的关键。通过先进的数据采集技术，企业能够实现对财务数据的实时监控和分析。这种能力的提升，使企业可以更快速地响应市场变化，及时调整财务策略。同时，实时数据分析也为企业提供了更为全面的财务状况视图，帮助企业管理层作出更为明智的决策。为了实现这一目标，企业需要引入先进的数据分析工具，并建立有效的数据管理流程，以确保财务数据的准确性和及时性。

基于大数据技术的财务指标动态调整机制是数智化财务管理的核心之一。大数据技术的应用，使企业能够从海量数据中提取有价值的信息，并根据市场和内部运营的变化动态调整财务指标。这种机制不仅提高了财务管理的灵活性，还提升了企业应对不确定性和风险的能力。通过对历史数据和实时数据的综合分析，企业可以预测未来的财务趋势，并制定相应的财务策略，以实现财务绩效的持续提升。

智能算法在财务指标预测中的应用，为企业财务管理带来了新的可能性。通过机器学习和人工智能技术，企业能够对财务数据进行深度分析，从而提高了财务预测的准确性。这些智能算法能够识别出传统方法难以发现的复杂模式和趋势，为企业提供更为精准的财务预测结果。这不仅有助于企业优化财务决策，还能提高企业在市场中的竞争力。为了充分发挥智能算法的优势，企业需要不断更新和优化其算法模型，以适应不断变化的市场环境。

财务指标可视化展示与用户交互设计是提高财务管理效率的重要手段。通过直观的可视化工具，企业能够将复杂的财务数据转化为易于理解的信息，帮助管理层和相关人员快速获取关键信息。这种可视化展示方式，不仅提高了财务报告的可读性，还增强了用户与财务数据的交互体验。此外，通过用户友好的交互设计，企业可以更好地满足不同层次用户的需求，提高财务信息的传递效率和准确性。

（二）运营指标的智能化升级

运营指标的智能化升级是企业在数字化转型过程中提高运营效率和决策能力的关键步骤。在现代企业管理中，传统的运营指标往往基于历史数据和人工分析进行评估，这种方式不仅耗时费力，而且无法及时反映市场的快速变化。通过引入智能化技术，企业能够实现对运营指标的自动化收集和分析，从而提高数据的准确性和可用性。智能化升级不仅包括对现有指标的数字化处理，还涉及新兴技术的应用，如大数据分析、人工智能和机器学习等。这些技术的结合，使企业能够更为精准地进行绩效评估，并及时调整运营策略，以适应不断变化的市场环境。

运营指标的实时监控与反馈机制是智能化升级的重要组成部分。通过建立实时监控系统，企业可以在运营过程中即时获取各类关键指标的数据，从而实现对运营状态的动态把控。这种机制不仅提升了企业对内部运营的透明度，还促进了决策的科学化和高效化。实时监控系统能够通过传感器、物联网设备等手段，自动采集并分析数据，形成即时反馈。这种反馈机制使企业能够快速响应市场变化，及时调整运营策略，避免因信息滞后导致的决策失误。此外，实时监控还为企业的风险管理提供了坚实的基础，有助于在问题发生前就进行预防和控制。

基于机器学习的运营效率预测模型为企业提供了一种前瞻性的管理工具。通过机器学习算法，企业可以对历史运营数据进行深度挖掘，识别出影响运营效率的关键因素，并据此建立预测模型。这种模型能够对未来的运营状况进行预测，帮助企业提前制定应对策略，优化资源配置。机器学习算法在预测模型中的应用，不仅提升了预测的准确性和可靠性，还为企业的战略决策提供了科学依据。通过不断更新和优化预测模型，企业可以在动态环境中保持竞争优势，提高整体运营效率。

智能化运营指标的多维度分析方法为企业提供了全面的绩效评估视角。传统的单一指标分析往往难以全面反映企业的运营状况，而多维度分析方法则通过整合多个相关指标，形成对运营绩效的综合评估。这种方法能够揭示出不同指标之间的内在联系，帮助企业识别潜在的运营问题和改进空间。多维度分析不仅提升了企业对运营过程的理解，还为制定更具针对性的改进措施提供了数据支持。通过多维度的分析，企业可以更好地把握运营全局，提高整体管理水平。

运营指标与市场动态的实时关联分析是智能化升级的一大亮点。市场环境的变化对企业运营有着直接的影响，因此，将运营指标与市场动态进行关联分析，可以帮助企业及时调整策略，保持市场竞争力。通过实时数据的采集和分析，企业能够快速识别市场趋势和变化，调整运营指标以适应新的市场环境。这种关联分析不仅提升了企业的市场敏感度，还增强了企业在市场变化中的应对能力。通过持续的关联分析，企业可以更好地应对不确定性，实现可持续发展。

（三）客户体验指标的数字化转化

客户体验指标的数字化转化是企业在智能决策过程中至关重要的一步。通过将传统的客户满意度调查和反馈机制转化为数字化形式，企业能够更高效地收集和分析客户体验数据。数字化转化不仅提高了数据收集的速度和准确性，还为企业提供了更为全面的客户洞察。通过数字化手段，企业可以更好地理解客户需求和期望，从而在产品和服务上作出更有针对性的改进。这种转化不仅是技术上的进步，而且是企业在激烈市场竞争中保持竞争力的关键。

客户体验指标的实时数据采集与分析能力提升是数字化转型的重要方面。通过先进的数据采集技术，企业能够实时获取客户在不同接触点上的体验数据。这种实时性使企业能够快速响应市场变化和客户需求，从而提高客户满意度和忠诚度。同时，实时数据分析能力的提升，也为企业提供了更为精准的决策支持。通过对实时数据的深入挖掘，企业可以及时发现潜在问题，优化客户体验流程，增强市场竞争力。

基于情感分析的客户反馈智能处理机制为客户体验管理注入了新的活力。情感分析技术能够深入挖掘客户反馈中的情感倾向，帮助企业更好地理解客户的真实感受。通过智能处理机制，企业可以自动分类和优先处理客户反馈，提高问题解决效率。这种机制不仅提高了客户服务质量，还为企业提供了宝贵的客户关系管理策略。情感分析的应用，使企业能够在客户体验管理中更加精准和高效。

客户体验指标的个性化定制与推荐系统设计使企业能够为客户提供更加个性化的服务。通过分析客户的历史行为和偏好，企业可以设计出符合客户个性化需求的服务和产品推荐系统。这种定制化服务不仅提高了客户满意度，还增加了客户的忠诚度。推荐系统的设计需要结合大数据分析和机器学习技术，以确保推荐的准确性和相关性，从而为客户创造更高的价值。

多渠道客户互动数据整合与分析方法是提升客户体验的关键。企业通过整合来自不同渠道的客户互动数据，能够获得更全面的客户视图。这种整合不仅提高了数据分析的深度，还增强了企业对客户行为的预测能力。通过多渠道数据的整合与分析，企业可以更好地识别客户需求变化趋势，制定更为精准的市场营销策略，从而在竞争中占据优势。

客户体验指标的可视化展示与用户参与设计为企业提供了新的互动方式。通过将复杂的数据以可视化的形式展示，企业能够更直观地向客户传达信息，提高信息传递的效率和效果。同时，用户参与设计的理念，使客户在体验过程中不仅是被动的接受者，更是积极的参与者。

二、创新性智能评价指标设计

（一）基于大数据的实时动态指标

大数据技术的兴起为企业财务数智化绩效评价带来了全新的视角和工具。基于大数据的实时动态指标设计旨在通过不断更新的数据流，实时反映企业的财务健康状况和运营效率。实时动态指标不仅提高了数据的时效性和准确性，还能通过大数据分析技术，捕捉市场变化和企业内部运营的细微波动。这种动态性使企业能够更快速地响应外部环境的变化，优化资源配置，从而提升整体绩效。

实时数据流的应用为绩效指标的生成提供了全新的机制。在这一机制中，数据流的连续性和实时性成为关键因素。通过对实时数据的捕获与分析，企业可以生成动态的绩效指标，这些指标能够及时反映市场趋势和企业内部的变化。

实时数据流的动态特性使企业能够在瞬息万变的市场环境中保持竞争优势，从而实现更高效的决策和管理。

智能算法在财务预测模型中的应用，为企业提供了更为精准的预测能力。通过机器学习和人工智能技术，财务预测模型能够处理海量数据，识别复杂的模式和趋势。这些智能算法不仅提高了预测的准确性，还能够根据历史数据和当前市场状况，提供多种情景分析，帮助企业制定更为科学的财务战略。智能算法的引入，使财务预测不再仅仅依赖于历史数据，而是可以动态适应市场变化。

在企业财务数智化中，多维数据源的整合是实现动态指标分析的基础。通过将来自不同渠道的数据源进行整合，企业可以获得更为全面的视角，进行多维度的分析。这种整合不仅提高了数据的丰富性和关联性，还能够通过交叉分析，揭示隐藏的业务模式和财务风险。多维数据源的整合，使动态指标分析能够更加全面地反映企业的运营状况，为决策提供有力支持。

实时监测系统是动态指标反馈的核心组成部分。通过实时监测系统，企业可以对关键绩效指标进行持续跟踪和分析，确保指标的及时更新和反馈。这种系统能够自动识别异常数据和趋势变化，提供预警和建议，从而帮助企业及时调整策略。实时监测系统的应用，使企业能够在动态环境中保持敏捷性和竞争力，确保财务决策的科学性和有效性。

（二）AI驱动的预测性评价指标

在现代企业管理中，AI驱动的预测性评价指标已成为提高财务决策效率的重要工具。通过对历史财务数据的分析，AI技术能够识别潜在的趋势和模式，从而为企业提供前瞻性的财务洞察。这种预测能力不仅有助于企业优化资源配置，还能有效提高财务管理的精确性和敏捷性。AI的应用使企业能够在动态的市场环境中保持竞争优势，确保财务决策的科学性和前瞻性。

AI算法在财务数据中的异常监测与预警机制为企业提供了一种全新的风险管理方式。通过对大量财务数据的实时分析，AI算法能够识别出潜在的异常行为，并及时生成预警信号。这种机制不仅提高了企业对财务风险的敏感度，还能帮助管理层迅速采取应对措施，降低财务损失的可能性。AI驱动的异常监测系统为企业构建了一个智能化的风险防控屏障，确保财务运营的安全性和稳定性。

基于机器学习的财务风险预测模型构建是企业应对不确定性的重要手段。

通过对历史数据的深度学习，机器学习算法能够识别出隐藏的风险因素，并对未来可能的财务风险进行预测。这些模型不仅提高了企业对风险的预判能力，还为企业制定有效的风险管理策略提供了科学依据。机器学习的自适应性和高效性使其成为现代财务管理中不可或缺的工具，为企业的长远发展保驾护航。

智能化财务指标的自学习与自优化能力是AI技术在财务管理中应用的核心优势之一。通过不断地自我调整和优化，智能化财务指标能够适应变化的市场环境和企业需求。这种自学习能力使财务指标在保持准确性的同时，具备更高的灵活性和适应性。企业可以通过这种智能化的财务管理方式，提高其对市场变化的响应速度和决策质量，确保在激烈的市场竞争中立于不败之地。

AI驱动的财务决策支持系统的实时反馈机制为企业提供了及时、准确的财务信息。通过对财务数据的实时分析和处理，AI系统能够为企业管理层提供即时的决策支持。这种实时反馈机制不仅提高了财务决策的效率，还能帮助企业及时调整经营策略，适应市场变化。AI技术在财务决策中的应用，推动了企业财务管理从传统的事后分析向实时决策的转变，显著提高了企业的管理水平。

（三）跨维度综合评估指标体系

在数智化绩效评价中，跨维度综合评估指标体系通过整合多个维度的数据，提供更全面的企业绩效分析。该体系不仅关注财务指标，还涵盖了市场、客户、运营等多个方面的指标，以期实现对企业绩效的全景式透视。这种综合性评估方式能够识别出单一维度无法揭示的深层次问题，从而为企业管理者提供更为精准的决策依据。通过跨维度的评估，企业能够在复杂多变的市场环境中保持灵活性和竞争力。

在构建跨维度综合评估指标体系时，需要遵循科学性、系统性和可操作性等原则。科学性要求指标体系的设计基于严谨的数据分析和理论支持，系统性强调各指标之间的内在联系和整体协调，可操作性则确保指标体系在实际应用中能够被有效执行。在框架设计上，通常采用层次化结构，将各个维度的指标进行分类整合，并通过权重分配体现其重要性。这样的设计不仅提高了指标体系的适用性，也提升了其在复杂环境下的适应能力。

在跨维度综合评估中，不同维度指标之间的关联性和互补性分析至关重要。通过分析这些指标之间的关系，可以识别出潜在的协同效应以及可能存在的冲突。关联性分析帮助揭示指标之间的相互影响，如财务表现如何受市场变化影响；互补性分析有助于理解如何通过综合利用不同维度的信息来弥补单一指标的不足。这种分析不仅提升了指标体系的全面性，还为企业在资源配置和战略调整中提供了新的视角。

为了保持跨维度评价指标的有效性和前瞻性，动态更新和实时反馈机制的引入是必不可少的。这一机制通过持续监测外部环境和内部运营的变化，及时调整指标体系，确保其与企业战略目标的高度一致性。实时反馈机制则通过数据的快速处理和分析，提供即时的绩效反馈，帮助企业快速响应市场变化。这种动态调整能力不仅增强了指标体系的适应性，也提高了企业在复杂市场环境中的决策效率。

三、行业个性化指标定制

（一）制造业智能生产评价指标

制造业智能生产评价指标在现代企业财务数智化绩效评价体系中扮演着至关重要的角色。这些指标不是对传统生产效率的简单延伸，而是结合了智能技术的创新应用。通过对智能生产效率指标的实时监控与分析，企业可以精准把握生产过程中的每一个环节，从而实现生产效率的最大化。这种实时监控不仅能够帮助企业及时发现生产过程中的瓶颈问题，还能为管理者提供科学的决策依据，以优化生产流程，提高整体生产力。

智能生产效率指标的实时监控与分析是制造业数智化转型的核心。通过部署先进的传感器和数据采集设备，企业能够在生产过程中实时获取大量的生产数据。这些数据经过分析后，可以生成详细的生产效率报告，帮助企业识别生产中的低效环节。此外，智能生产效率指标还可以通过大数据分析技术，预测未来的生产趋势，帮助企业提前做好生产规划，降低生产成本，提升市场竞争力。

基于物联网技术的生产设备状态智能评估是制造业智能化的重要组成部分。通过物联网技术，企业能够实时监控生产设备的运行状态，及时发现设备故障或潜在风险，从而避免因设备故障导致的生产中断。此外，物联网技术还可以帮助企业实现设备的远程维护和管理，提高设备的利用率和使用寿命。这种智能评估不仅能够提高生产设备的可靠性，还能为企业节省大量的设备维护成本。

生产过程中的资源利用率智能化分析是实现制造业可持续发展的关键。通过智能化分析，企业可以全面了解生产过程中各类资源的使用情况，从而提高资源利用效率，减少资源浪费。智能化分析还可以帮助企业优化资源配置，确保生产过程中资源的合理分配和使用。这种资源利用率的提高，不仅能够降低企业的生产成本，还能减少对环境的负面影响，实现绿色生产。

制造业供应链协同效率的智能评价指标是提升企业竞争力的重要工具。通过智能化的供应链管理，企业可以实现供应链各环节的高效协同，减少供应链中的不确定性和风险。智能评价指标能够帮助企业识别供应链中的薄弱环节，优化供应链流程，提高供应链的整体效率。这种协同效率的提高，不仅能够提高企业的市场响应速度，还能增强企业在市场中的竞争优势。

（二）服务业客户价值评估指标

在现代企业管理中，服务业客户价值评估指标通过精准的指标设计，企业能够更好地理解客户的需求与期望。这些指标不仅涵盖了客户的消费行为、偏好和历史交易数据，还包括对客户潜在价值的全面评估。为了增强对客户价值的评估，企业需要综合考虑客户的生命周期价值、客户获取成本以及客户保持成本等多维度因素。这种全面的评估方法能够帮助企业识别高价值客户，从而优化资源配置，提高企业整体效益。

服务业客户价值评估指标的实时数据采集与分析能力是企业保持竞争优势的重要手段。通过先进的数据采集技术，企业能够从多个接触点获取客户的实时数据，包括在线互动、购买行为和社交媒体活动等。实时数据分析能力使企业能够快速响应市场变化和客户需求，提供个性化的服务体验。此外，实时数据分析还支持企业进行动态调整和策略优化，确保企业在快速变化的市场环境中保持灵活性和适应性。

基于客户行为分析的个性化服务推荐系统设计是提升客户满意度和忠诚度的有效途径。通过深入分析客户的历史行为和偏好，企业可以设计出符合客户个性化需求的服务推荐系统。这种系统不仅能够提高客户的购买体验，还能增加客户的黏性和忠诚度。个性化服务推荐系统的设计需要结合机器学习和大数据分析技术，以确保推荐的准确性和有效性，从而在激烈的市场竞争中脱颖而出。

服务质量评价指标的智能化反馈与改进机制是提高服务水平的关键。智能化反馈机制能够实时收集客户的反馈信息，并通过数据分析工具进行处理和分析。这种机制不仅能够识别服务过程中的不足，还能为企业提供可行的改进建议。通过持续的反馈和改进，企业能够不断优化服务流程，提高客户满意度，提升市场竞争力。

多渠道客户互动数据的整合与分析方法在服务业中具有重要意义。通过整合不同渠道的数据，如线上互动、线下交流和社交媒体互动，企业能够获得全面的客户画像。这种整合方法能够帮助企业更好地理解客户行为和偏好，从而制定更有效的市场策略。多渠道数据的整合还支持企业进行更加精准的市场细分和客户关系管理，提高市场营销的效率。

（三）金融业风险预警评价指标

随着金融市场的全球化和复杂化，传统的风险管理工具已无法满足实时预警的需求。因此，设计一套能够实时反映市场动态的金融风险预警评价指标显得尤为关键。这些指标不仅需要涵盖市场风险、信用风险、流动性风险等多方面内容，还需能够在瞬息万变的市场环境中提供及时、准确的风险信号。金融业的风险特性要求这些指标具有高度的敏感性和前瞻性，以便在风险发生前采取有效的防范措施。

基于实时市场数据的金融风险预警评价指标设计是提升金融机构风险管理能力的重要途径。实时数据的获取和分析能够帮助金融机构快速识别市场变化，并在第一时间作出响应。这一过程需要利用大数据技术和先进的分析工具，确保数据的准确性和时效性。通过对市场数据的全面监测，金融机构可以建立动态的风险评估模型，从而提高风险预警的准确性和及时性。这种基于数据驱动的风险管理方法不仅提高了金融机构的应变能力，也为其在激烈的市场竞争中赢得了主动权。

利用机器学习算法进行信贷风险评估的智能化指标是金融科技发展的重要方向。机器学习算法能够处理大规模、复杂的金融数据，并从中提取出有价值的风险特征。通过训练模型，金融机构可以实现对信贷风险的精准评估和预测，从而优化信贷决策过程。这一智能化的指标体系不仅提高了信贷风险管理的效率，还降低了人为因素对评估结果的影响。此外，机器学习算法的自我学习能力使其能随着市场环境的变化不断优化评估模型，保持风险评估的高效性和准确性。

金融交易异常监测与预警机制的构建是保障金融市场稳定运行的重要措施。在金融交易过程中，异常活动往往是潜在风险的前兆。因此，建立一套有效的异常监测与预警机制能够帮助金融机构及时发现和处理异常交易行为。这需要结合先进的数据分析技术和异常监测算法，对交易数据进行实时监测和分析。通过识别交易模式中的异常信号，金融机构可以迅速采取措施，防止风险的进一步扩散。这种主动监测的预警机制不仅提高了风险管理的前瞻性，也为金融市场的稳定运行提供了有力支持。

多维度金融数据融合下的风险评估指标体系为金融风险管理提供了新的视角。金融市场中的风险因素多样且相互关联，因此单一维度的数据分析往往难以全面反映市场风险。通过融合多维度的金融数据，金融机构可以建立更加全面的风险评估指标体系。这种多维度的数据整合不仅提高了风险评估的准确性，还增加了风险管理的深度和广度。通过对多维数据的综合分析，金融机构能够更好地识别潜在风险，并在风险发生前采取有效的防控措施。

四、指标权重动态优化

（一）基于机器学习的权重自适应

基于机器学习的权重自适应在数智化绩效评价体系中扮演着关键角色。通过引入机器学习算法，可以实现对财务指标权重的智能化调整，提升决策的准确性和灵活性。机器学习技术能够通过分析大量的历史数据，识别出潜在的模式和趋势，从而动态地调整指标权重，以适应不断变化的企业环境和市场需求。这种自适应机制不仅可以提高评价的精确度，还能够提升企业应对外部变化的能力，促进其在竞争激烈的市场中保持优势。

机器学习算法在财务指标权重动态调整中的应用机制是一个复杂而又精细的过程。算法通过对历史数据的深度学习，挖掘出各财务指标之间的内在联系和相互影响。通过构建数学模型，算法能够模拟不同权重组合对绩效结果的影响，从而找到最优的权重分配方案。在这一过程中，算法需要不断更新和迭代，以适应新的数据输入和外部环境变化。这种动态调整机制不仅提高了企业决策的科学性，还为管理层提供了更加灵活的决策工具。

基于实时数据分析的权重自适应模型构建方法是实现权重动态优化的核心环节。实时数据的引入，使模型能够在第一时间捕捉到市场变化和企业内部运营的最新信息。通过对这些实时数据的分析，模型可以快速调整财务指标权重，以反映最新的市场动态和企业战略调整。这一方法不仅提高了模型的响应速度，还增强了其在复杂环境中的适用性，为企业提供了更具前瞻性的决策支持。

在权重自适应过程中，数据特征选择与处理策略是影响模型效果的重要因素。为了确保模型的准确性和可靠性，必须对输入数据进行精细化的特征选择和处理。通过选择与财务绩效密切相关的特征，并对其进行标准化处理，可以有效提高模型的预测能力和稳定性。此外，处理过程中还需考虑数据的完整性和一致性，以避免因数据质量问题而导致的模型偏差和误判。

（二）多目标优化下的权重配置

在多目标优化的背景下，权重配置是实现智能决策的关键环节。它不仅涉及对各项评价指标的重要性排序，还需要在不同目标之间进行权衡。多目标优化下的权重配置要求我们在多个互相竞争的目标中找到最优的平衡点。通过这种方式，能够更准确地反映企业在复杂环境中的实际绩效表现。多目标优化的过程不仅是数学计算，还需要结合企业的战略目标和行业特点，以确保配置的权重能够真正支持企业的长远发展。

多目标优化模型的构建方法与步骤是实现权重配置的基础。首先，需要明确各个目标的具体定义和衡量标准。其次，根据企业的实际情况和发展战略，确定每个目标的优先级。再次，通过数学建模的方法，建立一个能够综合考虑各个目标的优化模型。在模型构建的过程中，数据的准确性和完整性至关重要。最后，通过迭代和优化算法，找到一组最优的权重配置方案，以便在实际应用中能够有效提升绩效评价的准确性和可靠性。

权重配置中的目标冲突与协调机制是多目标优化的核心挑战之一。不同的目标往往存在内在的冲突，这就要求在权重配置时，设计出有效的协调机制。在实际应用中，可以通过引入冲突监测算法和协调策略，来降低各目标之间的矛盾。通过这种方式，不仅能够提高模型的适用性，还可以在一定程度上减少因目标冲突带来的决策偏差。协调机制的设计需要结合企业的具体情况以及外部环境的变化，以确保其在动态环境下的有效性。

基于决策者偏好的权重配置算法设计，是多目标优化中的一个重要步骤。决策者的偏好直接影响到权重配置的结果，因此在算法设计时，需要充分考虑决策者的主观判断和经验。可以通过问卷调查、访谈等方式收集决策者的偏好信息，并在算法中进行量化处理。这样，所设计的算法不仅能够反映客观的数据分析结果，还能够体现决策者的主观意愿，从而提高决策的科学性和可操作性。

（三）情境感知的动态权重调整

情境感知的动态权重调整是指在企业财务数智化绩效评价体系中，根据环境的实时变化和具体情境，动态地调整各个指标的权重，以提高评价体系的灵活性和准确性。此方法通过对外部环境、市场动态以及内部管理需求的感知，调整指标的优先级和重要性，从而使评价结果更加贴合企业的实际经营状况。情境感知的动态权重调整不仅可以提升企业决策的科学性，还能有效应对不确定性因素带来的挑战，确保企业在复杂多变的市场环境中保持竞争力。

情境感知技术在动态权重调整中的应用，基于对数据的实时采集与分析，通过一套完整的技术框架实现。该框架包括数据感知层、数据传输层、数据分析层和决策支持层。在数据感知层，利用传感器和数据采集工具收集与企业运营相关的各类信息；数据传输层则负责将这些信息传输至数据分析层进行处理；在数据分析层，运用机器学习和人工智能算法对数据进行深度分析，识别出影响指标权重的关键情境因素；决策支持层根据分析结果调整指标权重，提供优化的决策建议。

基于实时环境变化的权重调整策略，需要一套系统化的实施步骤来确保其有效性。首先，识别关键情境因素是调整权重的基础，这需要通过数据分析和市场调研来实现。其次，建立权重调整规则，根据不同情境因素的变化，制定相应的权重调整策略。再次，实施动态调整，通过自动化系统实时监控环境变化，并根据预设规则调整权重。最后，进行效果评估，分析调整后的权重对绩效评价结果的影响，以便不断优化调整策略。

构建多因素影响下的权重动态调整模型，需要综合考虑多种情境因素对企业绩效的影响。模型的构建通常包括以下几个步骤：首先，确定影响指标权重的主要因素，这些因素可能包括市场需求变化、政策调整、技术进步等。其次，建立数学模型，将各因素与指标权重之间的关系量化，并通过历史数据进行模型验证。最后，应用优化算法对模型进行求解，以获得在不同情境下的最优权重配置方案，从而提高评价体系的适应性和准确性。

情境感知数据在权重配置中的实时反馈与优化机制，是实现动态权重调整的重要环节。通过实时数据反馈机制，企业能够及时获取环境变化信息，并据此对指标权重进行动态优化。优化机制通常包括数据采集、实时分析、反馈调整和优化评估四个步骤。数据采集阶段，通过传感器和信息系统获取实时数据；实时分析阶段，运用数据分析工具对数据进行处理和解读；反馈调整阶段，根据分析结果调整权重配置；优化评估阶段，评估调整后的效果并进行必要的修正。

第二节　算法模型的选择与优化

一、基础算法模型选择

（一）监督学习模型

监督学习模型在智能决策领域中扮演着关键角色，尤其是在财务数智化绩效评价体系的构建中。监督学习模型的基本定义强调输入与输出之间的明确关系，这使它成为解释性和预测性任务的理想选择。在财务数据的应用中，监督学习可以通过建立明确的映射关系，对财务指标进行趋势分析与预测，从而为企业的财务决策提供有力支持。

常见的监督学习算法包括线性回归、决策树和支持向量机等。这些算法各具特色：线性回归适用于线性关系的建模，决策树以其直观的决策规则和处理非线性数据的能力而受到欢迎，而支持向量机则在处理高维数据和分类问题上表现出色。在财务数据预测中，这些算法可以根据数据特性和预测需求进行选择，以实现最佳的预测效果。

在财务数据预测的具体应用场景中，监督学习模型被广泛用于财务指标的趋势分析与预测。通过对历史财务数据的学习，模型可以预测未来的财务表现，为企业的战略规划提供数据支持。例如，线性回归可以用于预测企业的销售增长趋势，决策树可以帮助识别影响盈利能力的关键因素，而支持向量机则可用于分类客户信用风险。

监督学习模型的训练过程包括数据标注、特征选择和模型评估等关键步骤。数据标注确保模型学习到准确的输入输出关系；特征选择通过筛选出最具代表性的特征，提高模型的学习效率和预测精度；利用模型评估方法，如交叉验证和准确率评估，可以帮助确定模型的泛化能力和实际应用效果，确保其在真实场景中的可靠性。

在动态财务决策支持系统中，监督学习模型的集成与优化策略至关重要。模型的集成可以通过多模型组合的方式，提高预测精度和稳定性。而优化策略则包括参数调优、模型更新和实时反馈机制的设计，以适应不断变化的财务环境和数据特征，从而实现智能化的财务决策支持。

（二）无监督学习模型

在现代数据分析中，无监督学习模型的特征在于数据没有明确的标签和输出目标。这意味着，无监督学习通过分析数据的内在结构和模式来进行推断和分类，而不依赖预定义的输出。这种方法在处理大规模和复杂数据集时表现出色，尤其是在缺乏明确标注的数据环境中。无监督学习的灵活性和自适应性使其成为数据科学领域不可或缺的工具，尤其是在面对动态变化的数据集时，能够提供独特的洞察和决策支持。

常见的无监督学习算法类型主要包括聚类分析和降维技术。聚类分析通过将数据点划分为若干组，使同组内的数据点具有较高的相似性，而不同组之间的差异较大。这种方法在市场细分和客户分类中应用广泛。降维技术通过减少数据集的维度来简化数据结构，同时保留数据的主要特征和信息。这不仅提高了计算效率，还在一定程度上消除了噪声数据的干扰，为后续的分析和建模打下坚实的基础。

无监督学习在财务数据分析中的应用场景丰富多样。例如，在客户细分中，无监督学习可以帮助企业识别不同特征的客户群体，从而制定更具针对性的营销策略。在异常检测中，无监督学习能够识别出异常交易或行为，为企业的风险管理提供支持。这些应用场景展示了无监督学习在提高企业财务决策效率和准确性方面的巨大潜力，推动了企业在竞争激烈的市场中保持领先地位。

无监督学习模型的训练过程包括多个关键步骤。首先是数据预处理，通过清洗和规范化来提高数据质量。其次是特征提取，识别出对模型构建最有价值的信息。最后是模型评估，通过设定合理的评估指标来检验模型的有效性和稳定性。这一过程确保了无监督学习模型的可靠性和适用性，为企业在复杂数据环境下的决策提供了坚实的技术支持。

（三）强化学习模型

强化学习模型在人工智能领域中占据着重要地位，其基本定义与特征集中于智能体与环境的交互过程中。智能体通过不断地探索与尝试，从环境中获取反馈，以此调整自身的行为策略。强化学习的核心在于智能体如何在不确定的环境中，通过试错和反馈机制，逐步学习出一套最优的策略。该模型的特征包括长期与短期奖励的权衡、状态与动作的多样性以及策略的动态调整能力。通过这种交互学习，智能体能够在复杂的环境中找到最优解，从而实现预期目标。

在财务决策领域，强化学习模型展现出其独特的优势，特别是在动态投资组合管理和风险控制方面。通过模拟市场环境，强化学习能够帮助决策者在不确定的市场条件下进行最优投资组合的选择。其动态调整能力使模型能够实时响应市场变化，优化投资组合的风险收益比。此外，强化学习模型还可用于识别潜在风险因素，制定相应的风险控制策略，确保财务决策的稳健性与持续性。这种应用场景的广泛性和实用性，为财务管理提供了全新的视角和工具。

强化学习模型的训练过程是一个复杂而精细的过程，涉及奖励机制的设计与状态空间的构建。奖励机制是强化学习的核心，它激励智能体朝向目标方向进行学习。设计一个合理的奖励机制，需要综合考虑短期与长期利益，以确保智能体能够在不同情境下作出最优决策。状态空间的构建决定了智能体能够感知的环境范围，必须涵盖所有可能的状态和动作组合，以确保模型的全面性与准确性。通过不断地训练与优化，强化学习模型能够逐步提升其决策能力。

在财务数据优化中，强化学习模型扮演着策略探索与利用平衡的重要角色。智能体在面对庞大的财务数据时，需要在探索新策略与利用已有策略之间找到平衡。过度探索可能导致时间与资源的浪费，而过度利用则可能陷入局部最优解。因此，强化学习通过动态调整策略，确保在不同的市场环境中，智能体能够灵活应对，优化财务数据的处理与分析。这种策略的平衡与优化能力，使强化学习模型在财务领域的应用更加高效与精准。

二、模型融合与集成

（一）深度学习与传统模型融合

深度学习与传统模型的融合在现代智能决策系统中扮演着关键角色。深度学习模型因其在特征提取中的优势，能够自动识别复杂的模式和关系，这使传统模型的性能得以提升。通过深度学习的强大计算能力，系统可以在海量数据中发现潜在的模式，尤其是在财务数据分析中，深度学习能够有效捕捉数据中的非线性关系和交互效应。这种能力不仅提高了模型的预测准确性，还为企业的财务决策提供了更为细致的洞察。

财务数据通常包含大量的变量和复杂的关系，传统模型在处理这些高维数据时可能面临维度灾难的问题。然而，深度学习通过其多层网络结构，可以有效地降维并提取出数据中的关键特征。这种特性使在财务数据分析中，模型能够更好地捕捉到非线性关系，从而提高预测精度和决策质量。

深度学习的端到端训练机制是其显著特征，这种机制减少了人工特征工程的需求，使模型构建过程更加高效和灵活。在传统模型中，特征工程通常需要大量的专家知识和时间投入，而深度学习通过自动化学习特征，简化了这一过程。这不仅加快了模型开发的速度，也降低了对专业知识的依赖，为企业在快速变化的市场环境中提供了更灵活的应对策略。

在模型的解释性方面，深度学习与传统模型的融合提供了一种有效的解决方案。深度学习模型往往被视为“黑箱”，难以解释其内部工作原理，这在财务领域可能会影响模型的可信度。通过与传统模型的结合，企业可以利用传统模型的可解释性来补充深度学习模型的不足，从而增强整体模型的透明度和可解释性。这种融合不仅提高了模型的信任度，也为决策者提供了更具洞察力的分析工具。

在动态环境下，深度学习与传统模型的结合能够实现实时数据分析与预测，这对于提高财务决策的响应速度和准确性至关重要。在现代商业环境中，实时性和准确性是企业竞争力的重要体现。通过结合深度学习的快速计算能力和传统模型的稳定性，企业可以在瞬息万变的市场中作出更及时和准确的决策，从而获得竞争优势。

（二）多模型投票集成机制

多模型投票集成机制是一种通过结合多个独立模型的预测结果来提高整体预测准确性和稳定性的方法。在这一机制中，简单投票或加权投票被用作关键手段，以整合不同模型的输出，从而在预测结果上达成共识。与单一模型相比，这种集成方法能够有效地减少偏差和方差，尤其是在处理数据噪声较大的财务数据时表现尤为突出。通过集成多个模型，系统可以更好地捕捉数据的多样性和复杂性，进而提高财务指标预测的可靠性。

该机制在降低单一模型的偏差和方差方面表现卓越，使其在财务指标预测中提供了更为可靠的结果。单一模型通常会受到其自身结构和假设的限制，导致其在面对复杂或噪声较多的数据时表现不佳。而多模型投票集成机制通过综合多个模型的预测结果，能够有效地抵消个别模型的误差，进而提供更为稳定和准确的预测。这种特性在财务数据分析中尤为重要，因为财务数据往往具有高度的波动性和不确定性。

多模型投票集成机制的一个显著优势是其灵活性。该机制可以选择不同类型的模型进行组合，以适应不同财务数据特征和复杂性。无论是线性模型、非线性模型，还是深度学习模型，都可以在这一框架下协同工作，以发挥各自的优势。通过合理的模型组合，系统能够更好地捕捉数据的内在规律，提升模型的适用性和预测性能。这种灵活性使多模型投票集成机制在各种财务分析场景中都能有效应用。

在多模型投票集成机制中，交叉验证法被用来选择最佳投票策略，以优化多模型集成的效果。通过交叉验证，可以在不同的数据集上测试不同的投票策略，从而找到最适合当前数据特征的策略。这种方法确保了集成模型在各种数据集上都能保持良好的预测性能，不仅提高了模型的准确性，也增强了其在不同场景下的适应能力。通过这种优化过程，集成模型能够更好地满足实际应用的需求。

在实时财务决策支持系统中，多模型投票集成机制的应用尤为重要。该机制可以根据实时数据动态调整参与投票的模型，提高决策的灵活性和准确性。随着市场环境和数据特征的变化，系统能够迅速选择最合适的模型组合进行预测，确保决策的及时性和有效性。

三、超参数优化技术

（一）贝叶斯优化方法

贝叶斯优化方法在超参数优化中扮演着重要角色，其基本原理是通过构建代理模型来预测目标函数的分布，并利用该分布指导下一步的采样决策。此方法以其高效性和准确性在智能决策领域中得到广泛应用。贝叶斯优化通过对目标函数的分布进行建模，能够在不完全信息的情况下，合理推断出下一步的优化方向。这种方法尤其适合处理高维空间中的优化问题，因为在这种情况下，传统的优化方法往往需要大量的计算资源，而贝叶斯优化则能够凭借其高效的采样策略显著减少计算成本。

在超参数优化的具体应用中，贝叶斯优化方法展现出卓越的性能。通过使用先验知识和观测数据，贝叶斯优化能够动态更新模型，提高对目标函数的探索与利用平衡。这种动态更新机制使贝叶斯优化在面对复杂的优化问题时，能够灵活调整策略，从而更快地收敛到最优解。尤其是在高维度的空间中，贝叶斯优化的方法论能够有效地整合新信息，持续优化模型的预测能力，确保在有限的计算资源下获得最佳的优化结果。

贝叶斯优化的采集函数设计是其核心优势，如期望改进和概率改进，这些函数用于选择下一个评估点。通过合理设计采集函数，贝叶斯优化能够在探索新区域和利用已知信息之间取得平衡。这种采集策略不仅提高了模型的优化效率，还能确保在多样的财务决策场景中，快速找到最优的超参数组合，从而提高财务模型的性能和稳定性。

贝叶斯优化在财务模型中的优势尤为显著，其能够在少量评估次数下找到最优超参数，提高财务决策模型的性能和稳定性。由于财务决策模型通常涉及复杂的数学计算和大量的变量，贝叶斯优化通过其高效的算法设计，能够在较短时间内找到最优解。这不仅降低了计算成本，还提高了决策的准确性和可靠性，成为财务数智化绩效评价体系中不可或缺的工具。

（二）遗传算法参数调优

遗传算法参数调优在智能决策的企业财务数智化绩效评价体系中扮演着关键角色。其基本原理是通过模拟自然选择过程来优化超参数配置，这一过程借鉴了生物进化中的适者生存理念。在财务数智化背景下，遗传算法通过迭代更新参数组合，从而在复杂的参数空间中找到最优解。通过选择、交叉和变异等操作，遗传算法能够有效探索参数空间，避免陷入局部最优解。这种方法尤其适用于高维度和非线性问题的调参，能够显著提升模型的性能和稳定性。

遗传算法中的适应度函数设计是其核心步骤，用于评估模型性能并指导参数进化。在企业财务数智化绩效评价体系中，适应度函数通常基于模型的预测准确性和计算效率等指标进行设计。通过对适应度函数的优化，遗传算法能够在每一代中选择出性能最佳的参数组合，逐步逼近全局最优解。这种评估机制不仅提升了模型的预测能力，还能在动态环境中保持较高的适应性。

在遗传算法中，基因编码与交叉操作的选择至关重要，确保了超参数空间的有效探索及优化效率的提高。在财务数智化领域，基因编码通常采用实数编码或二进制编码，以适应不同类型的参数。交叉操作则通过将不同个体的基因进行组合，产生新的参数组合，从而增加解的多样性。通过适当的编码和交叉策略，遗传算法能够在广阔的参数空间中高效搜索，找到性能更优的参数配置。

变异操作在遗传算法中的应用，增加了解的多样性，避免陷入局部最优解。在智能决策的企业财务数智化绩效评价体系中，变异操作通过随机改变个体的部分基因，打破现有的参数组合格局，探索新的可能性。这一过程不仅提高了算法的全局搜索能力，还增强了其对环境变化的适应性，确保在动态财务环境中仍能保持较高的优化效率。

（三）自动化机器学习

自动化机器学习是近年来数据科学领域的重要进展，尤其是在智能决策的企业财务数智化绩效评价体系构建中扮演着关键角色。自动化机器学习的基本概念在于通过自动化的方式进行机器学习模型的构建和优化，旨在减少人工干预，提高效率。其核心是通过自动化流程实现模型的选择、特征工程和超参数的调整。自动化机器学习的出现不仅降低了数据科学的技术门槛，还使非专业人士能够更轻松地进行复杂的数据分析和模型开发。这种自动化流程在财务数据分析中尤为重要，因为它能够迅速适应动态变化的市场环境，提高决策的准确性和及时性。

在财务数据分析的具体应用中，自动化机器学习展现了其强大的功能。例如，在自动化特征工程方面，自动化机器学习能够自动识别和提取数据中的重要特征，减少人为偏见和错误，从而提高模型的预测能力。在模型选择方面，自动化机器学习可以自动评估多种模型的性能，选择最优模型进行部署。这种自动化的能力极大地提高了财务分析的效率，使企业能够更快速地响应市场变化和内部需求。通过这些应用，自动化机器学习不仅提高了数据分析的准确性，还为企业节省了大量的时间和资源。

自动化机器学习工具的集成与使用是其一个显著优势，尤其是在财务领域。许多自动化机器学习平台提供了直观的可视化界面，使用户能够通过拖曳和点击的方式完成模型训练和评估。这种简化的操作流程降低了技术门槛，使没有深厚编程背景的用户也能够有效地使用机器学习技术。此外，自动化机器学习工具还提供了丰富的可视化报告和分析结果，帮助用户更好地理解模型的表现和数据的内在结构。这种便捷性和易用性使自动化机器学习在企业财务分析中得到了广泛应用。

在超参数优化方面，自动化机器学习展现了其独特的优势。传统的超参数调整通常需要大量的试错和经验积累，而自动化机器学习能够通过自动化搜索算法快速找到最优参数组合，从而提高模型的性能。这种自动化的超参数优化不仅提高了财务预测的准确性，还减少了人为干预的风险。通过自动化机器学习的优化，企业可以更好地进行财务决策，预测市场趋势，优化资源配置，从而在竞争激烈的市场中占据优势。

四、实时性优化方案

（一）边缘计算模型轻量化

在智能决策的企业财务数智化绩效评价体系中，边缘计算模型的轻量化是提高系统实时性的重要策略。边缘计算模型的架构设计优化旨在减少数据处理过程中的延迟，从而增强实时响应能力。通过对模型架构的精简与优化，可以有效减少计算时间，提升系统对动态财务数据的处理能力。在此过程中，确保模型在简化的同时，依然能够保持高效的预测精度，是设计优化的核心目标。

轻量化模型的算法选择至关重要。通过选择合适的算法，可以简化计算过程，降低资源消耗，同时保持预测精度。不同的算法在复杂度和资源需求上差异显著，因此在选择时需综合考虑模型的应用场景和硬件环境。简化的算法不仅能提高计算效率，还能在资源受限的边缘设备上实现高效运行，从而提升整体系统的性能。

边缘设备的硬件适配性分析是轻量化模型设计的关键环节。不同硬件平台对模型的支持能力和性能表现各不相同，因此需要对其进行深入评估。通过分析不同硬件平台的处理能力和资源限制，能够选择最适合的轻量化模型架构，确保系统在不同环境下的稳定性和高效性。这种适配性分析有助于在资源有限的情况下，最大化边缘计算的性能。

数据压缩与传输策略的实施在边缘计算环境中至关重要。为了优化数据传输效率，降低网络带宽占用，可以采用多种数据压缩技术。在边缘计算中，数据传输的效率直接影响系统的实时性和响应速度。通过高效的数据压缩策略，可以在保证数据完整性的同时，显著提高传输速度，进而提升系统整体的实时性能。

动态负载均衡机制的引入是确保边缘计算资源合理分配的有效手段。通过动态调整计算任务的分配，能够提高系统的响应速度与处理能力。在边缘计算环境中，负载均衡机制可以根据实时的计算需求和资源使用情况，动态调整计算任务的分布，从而避免资源的过度消耗和性能瓶颈。

（二）增量学习与在线更新

增量学习与在线更新在现代智能决策系统中的应用日益广泛，尤其是在财务数智化绩效评价体系中。增量学习的基本概念在于，当模型接收到新数据时，无须从头开始重新训练整个模型，而是通过调整已有模型的参数来适应新的信息。这种方法不仅提高了模型的训练效率，还有效地节省了计算资源。通过增量学习，模型能够逐步积累知识，适应不断变化的环境，这对于动态且复杂的财务环境尤为重要。

在线更新机制的设计是确保模型能够实时调整的关键。在数据流入的同时，模型必须快速地进行参数更新，以提升决策的即时性和准确性。这种机制的核心在于对数据流的实时处理能力，使模型在不断变化的市场环境中保持敏捷性。在线更新不仅需要高效的算法支持，还需要强大的计算基础设施来保障数据的快速处理和反馈，从而实现对市场变化的快速响应和调整。

增量学习在动态财务环境中的应用极具潜力。企业需要在瞬息万变的市场中快速响应，调整财务预测和评估结果。增量学习能够通过实时更新模型参数，及时反映市场的最新动态，从而支持企业在决策过程中作出更为精准的判断。这种能力在金融市场波动频繁的情况下尤为重要，因为它能够帮助企业规避风险，抓住机遇，实现财务目标的最大化。

为了确保增量学习模型在不断学习过程中维持其性能和稳定性，必须构建有效的模型监控与评估策略。这些策略的设计旨在避免模型过拟合问题，并确保模型在面对新的数据时能够持续提供高质量的预测。通过对模型的持续监控，可以及时发现并纠正偏差，保持模型的稳健性和准确性。这种持续的评估和优化过程，是保障增量学习系统有效运行的基础。

在线更新与数据流处理的结合，是实现实时数据采集、分析和反馈的关键。通过高效的数据流处理技术，可以大幅提高数据处理的速度和效率，使系统能够在最短的时间内对大量数据进行分析。这不仅有助于实时监控市场动态，还能为企业提供及时的决策支持。通过将增量学习与数据流处理技术相结合，企业可以构建出更为智能化的财务绩效评价体系，实现对市场变化的敏捷响应。

（三）分布式训练加速

分布式训练加速在现代智能决策系统中扮演着至关重要的角色。其核心理念是将模型训练任务分散到多个计算节点上，以提高训练速度和资源利用率。这种方法不仅能够显著缩短训练时间，还能在处理大规模数据集时展现出优越的性能。在分布式训练中，任务的分配和节点的协同工作是关键，通过有效的资源管理和任务调度，可以最大化利用计算资源，提高整体系统的运作效率。

分布式训练的架构设计通常包括参数服务器模式和数据并行模式，这两种模式为大规模数据集的高效处理提供了强有力的支持。参数服务器模式通过集中管理模型参数，实现了参数的快速更新和同步，而数据并行模式则通过将数据集分割成多个子集，分发给不同的计算节点进行并行处理。两者的结合能够在保证模型收敛速度的同时，充分利用计算资源，提高训练的整体效率。

在分布式训练中，通信优化技术是提高训练效率和降低延迟的关键。通过优化节点间的数据传输量，可以有效减少通信开销，从而提高系统的实时性表现。常用的通信优化技术包括梯度压缩、异步更新和通信延迟隐藏等方法。这些技术通过不同的策略减少不必要的数据传输，提升了分布式训练的性能，为大规模数据处理提供了可靠的技术保障。

模型并行与数据并行的结合策略在分布式环境中尤为重要。通过合理的任务分配与协同工作，可以实现训练任务的高效分配。在实际应用中，模型并行主要用于处理超大规模模型的参数，而数据并行则用于加速数据处理。在分布式环境中，结合两者的优势，可以在不影响模型精度的前提下，显著提高训练速度，满足实时性和高效性的双重需求。

第三节 模型验证与迭代机制

一、验证指标体系构建

（一）准确性评估标准

准确性评估标准是指通过一系列定量指标来衡量模型预测结果与实际结果的吻合程度。准确性不仅是衡量模型性能的核心指标之一，还直接影响决策的可靠性和有效性。在财务数据分析中，准确性评估标准的高低直接关系企业的财务决策质量。因此，构建科学合理的准确性评估标准是确保模型在实际应用中发挥最大效能的基础。

在财务数据分析领域，准确率、召回率和F1score是常用的准确性评估指标。准确率指的是模型预测正确的样本占总样本的比例；召回率则关注模型识别出正样本的能力；F1score作为准确率和召回率的调和平均，提供了一个综合评估的视角。这些指标在财务数据分析中具有重要的应用价值，能够帮助企业识别和优化财务风险、提高财务预测的准确性，从而支持更为精准的财务决策。

混淆矩阵是计算准确性评估标准的基础工具，通过展示预测结果的四种情况（真阳性、假阳性、真阴性、假阴性），为准确率、召回率和F1score的计算提供了数据支持。准确率的计算公式为（真阳性＋真阴性）/总样本数，召回率为真阳性/（真阳性＋假阴性），而F1分数 = 2 *（精确率 * 召回率）/（精确率 + 召回率）。通过混淆矩阵的构建，可以清晰地分析模型的预测能力和误差来源，为模型优化提供依据。

在动态环境中，准确性评估标准需要具备灵活性，以适应数据的实时变化。通过实时监控财务数据流，评估标准可以动态调整，以反映最新的市场和企业状况。这种动态调整能力不仅提升了模型的适应性，还提高了决策的及时性和准确性。企业可以通过实时数据反馈机制，持续优化评估策略，确保财务数智化绩效评价体系的有效性和前瞻性。

（二）鲁棒性测试方案

鲁棒性测试在智能决策的企业财务数智化绩效评价体系中扮演着至关重要的角色。鲁棒性测试的基本定义是评估模型在不同环境与条件下表现的一致性，确保模型能够在多变的外部条件下保持稳定的性能表现。通过鲁棒性测试，可以验证模型在面对不确定性和复杂性时的耐受能力，从而提高模型的可靠性和实用性。在财务数智化的背景下，鲁棒性测试不仅要考虑数据的多样性，还需关注外部经济环境的变化对模型的影响。

为了全面评估模型的鲁棒性，可以设计多种测试场景。首先，模拟极端数据输入的情境，例如异常的财务报表数据或突发的市场波动，以此考察模型在极端情况下的稳定性。其次，考虑噪声干扰对模型的影响，通过引入不同类型和程度的噪声，观察模型的抗干扰能力。在这些测试中，模型需要展示出对数据异常和噪声的免疫力，确保其在真实应用中的可靠性和准确性。

交叉验证方法是鲁棒性测试中不可或缺的一部分。通过将数据集分成多个子集，交替作为训练集和测试集，检验模型在多样化数据集上的鲁棒性表现。这种方法不仅提高了模型的泛化能力，还能有效地识别模型在不同数据集上的潜在弱点。交叉验证的结果为模型的优化提供了重要依据，使其能够更好地适应财务数智化环境中的多变数据。

在鲁棒性测试中，应对异常值的处理机制至关重要。异常值可能会导致模型输出的不稳定甚至错误预测，因此必须建立有效的处理机制。通过对异常值进行识别、分析和处理，确保模型在出现极端值时依然能够保持合理的预测能力。这一机制的建立，有助于提升模型的鲁棒性，使其在应对异常情况时仍能提供可靠的决策支持。

（三）可解释性评价指标

在智能决策的企业财务数智化绩效评价体系中，可解释性评价指标的构建是至关重要的。可解释性评价指标的定义及其在财务决策中的重要性不容忽视。这些指标不仅帮助决策者理解模型的输出结果，还能揭示模型在不同情境下的表现差异。可解释性在财务决策中尤为关键，因为它直接影响到企业管理层和利益相关者对模型建议的信任程度。通过清晰、直观的指标解释，企业可以更好地评估财务模型的可靠性和有效性，进而优化其决策过程。

可解释性指标的设计原则包括透明性、可理解性和一致性。透明性要求模型的决策过程和结果能够被清晰地展示和追踪；可理解性意味着决策者能够轻松理解模型的逻辑和输出；一致性则指在不同的财务情境下，模型的表现应保持稳定。这些原则确保了模型在实际应用中不仅具有学术价值，还具备实用性。通过遵循这些原则，企业可以构建出能够提供清晰指导的财务模型，从而提高决策质量和效率。

利用可解释性指标评估模型决策过程中的关键因素和影响权重是提升模型透明度的重要手段。这些指标能够帮助识别哪些输入变量对模型输出影响最大，从而为决策者提供深入的洞察。例如，在财务预测模型中，通过分析可解释性指标，企业可以确定哪些市场因素或财务数据对预测结果贡献最大。这种分析不仅可以提高模型的透明度，还能为进一步优化模型提供方向。

可解释性评价指标在模型优化中的应用也不可忽视，这些指标能够帮助识别潜在的改进方向。通过分析模型的可解释性，企业可以发现模型在某些情境下的局限性，并据此进行调整和改进。这种优化过程是动态的，要求企业不断监测和更新模型以适应新的财务数据和市场环境。通过持续的优化，企业可以确保其财务模型始终处于最优状态，支持更精准的决策。

可解释性指标的动态更新机制对于应对不断变化的财务数据和市场环境至

关重要。随着市场条件和财务数据的变化，模型的输入和输出关系也会发生变化。因此，企业需要建立一套动态更新机制，定期评估和调整可解释性指标，以确保模型的准确性和实用性。这种机制不仅能够提高模型的适应性，还能提升其在复杂财务环境中的竞争力。

二、多维度验证方法

（一）历史数据回溯测试

历史数据回溯测试是一种重要的模型验证方法，其基本定义与目的在于通过历史数据验证模型的预测能力和稳定性。在智能决策的企业财务数智化绩效评价体系中，回溯测试不仅帮助评估模型的准确性，还能揭示模型在不同市场环境中的适应性。通过回顾过去的数据，研究人员可以识别出模型在特定历史情境下的表现，从而为未来的决策提供更为可靠的依据。历史数据回溯测试在金融领域尤为重要，因为它能模拟真实市场条件下的模型表现，确保模型在实践中具有较高的可信度。

实施回溯测试需要遵循一系列步骤。首先，选择合适的测试数据集。这一过程需要确保数据的代表性和完整性，以便准确反映模型将要应用的市场环境。其次，将模型应用于所选数据集，并进行预测结果的记录。最后，分析预测结果与实际数据之间的差异，以评估模型的性能。这一过程不仅是对模型算法的检验，也是对数据分析能力的考验，要求研究人员具备扎实的数据处理和分析技能，以便从中提取有价值的洞见。

在历史数据回溯测试中，常用的性能评估指标包括收益率和风险调整收益等。这些指标能够量化模型在不同市场条件下的表现，为财务决策提供量化依据。收益率衡量模型在特定时期内的投资回报，而风险调整收益则考虑了投资风险与收益之间的平衡。通过对这些指标的分析，决策者可以判断模型是否在风险可控的情况下实现了预期的收益目标，进而决定是否在实际操作中采用该模型。

回溯测试的结果解释是验证过程中的关键环节。通过比较预测结果与实际数据，研究人员可以评估模型的有效性与适用性。如果模型的预测结果与实际情况高度一致，说明模型具有良好的预测能力；反之，则需要对模型进行调整和优化。结果解释不仅涉及数据的对比分析，还包括对异常结果的探讨，以识别可能的误差来源并进行相应的修正。这一过程有助于提升模型的总体性能和稳定性。

（二）A/B 测试对比验证

A/B 测试对比验证是智能决策中常用的手段，其基本定义与目的在于通过对比实验来验证不同财务决策模型的效果。A/B 测试在企业财务数智化绩效评价体系中具有重要性，因为它能够在不影响整体系统的情况下，对不同的决策方案进行有效的评估。这种方法不仅帮助识别最佳方案，还能揭示不同模型在实际应用中的潜在优势和局限性，从而为企业的智能决策提供可靠的依据。

实施 A/B 测试需要遵循一系列步骤，包括设计实验组与对照组、数据收集以及效果评估的具体流程。首先，在设计实验时，需要精确划分实验组和对照组，确保两组在其他条件上保持一致，以排除外部因素的干扰。其次，通过收集相关数据，监测不同模型在财务决策中的表现。最后，评估阶段则需要对收集的数据进行全面分析，以判断实验结果的有效性和可靠性。

选择合适的评估指标是确保 A/B 测试有效性的关键。常用的评估指标包括财务指标的变化、用户反馈和决策效率等。这些指标能够全面反映模型在实际应用中的表现。通过对财务指标的变化进行监测，可以了解模型对企业财务状况的影响，用户反馈能提供关于模型易用性和用户满意度的直接信息，而决策效率则衡量模型在提高决策速度和准确性方面的贡献。

A/B 测试结果的分析方法主要包括统计显著性检验和效果大小评估。这些方法用于确定模型改进的实际影响。统计显著性检验帮助判断实验结果是否具有统计学上的意义，而效果大小评估则进一步量化模型改进的程度。这些分析方法确保了 A/B 测试不仅停留在表面结果的对比上，更深入地理解不同模型在实际应用中的具体表现。

（三）专家评审与人工校验

专家评审与人工校验在智能决策系统中起着至关重要的作用。专家评审的基本流程与方法是确保模型评估的科学性和公正性的重要环节。评审标准的制定需要考虑多方面因素，包括行业规范、技术标准以及具体应用场景的要求，确保评审的全面性和针对性。评审人员的选择则需具备丰富的领域知识和实践经验，这样才能对模型的性能及其在实际应用中的表现作出准确的判断。此外，专家评审还需结合定量和定性分析方法，以确保评审结果的可靠性和有效性。

人工校验在数据准确性和完整性中具有不可替代的作用。数据质量是模型性能的基石，任何细微的数据偏差都可能导致模型输出的显著误差。因此，人工校验通过对数据输入的逐一核实，确保数据的精确性和一致性。人工校验不仅关注数据的表面完整性，还需深入分析数据的内在逻辑和关联性，以排除潜在的错误和异常。此外，在数据量庞大的情况下，人工校验需与自动化工具结合使用，以提高效率和覆盖面。

专家评审与人工校验的结合方式是提升模型可信度的重要策略。通过多方验证，模型的评估结果得到更加全面和深入的考量。专家评审提供了高层次的策略性指导，而人工校验则提供了细节层面的保障。两者的结合可以在宏观和微观层面同时提升模型的可靠性。具体实施时，可以通过交叉验证、分阶段评审和校验等方式，确保评审与校验的全面性和系统性，从而提高模型的整体质量和可信度。

评审反馈的处理机制是将专家和人工反馈有效融入模型优化过程的关键。反馈机制需具备灵活性和适应性，以便及时响应不同类型的反馈信息。通过建立系统化的反馈收集和处理流程，确保每一条反馈都能被有效分析和利用。在模型优化过程中，需根据反馈的性质和重要性，优先处理关键问题，并通过迭代更新提升模型性能。反馈的闭环机制不仅能提升模型的当前表现，还能为未来的模型迭代提供宝贵的参考。

三、持续迭代机制

（一）数据驱动的自动迭代

在现代企业财务管理中，数据驱动的自动迭代机制已成为提升决策准确性的重要工具。自动迭代机制是指通过实时数据的持续输入和分析，自动更新和调整财务模型的过程。其在财务模型中的重要性不言而喻，因为它能够通过实时数据驱动模型更新，确保决策能够紧密跟随市场动态和财务环境的变化。通过这种机制，企业能够在快速变化的商业环境中保持竞争优势，及时调整策略以应对新的挑战和机遇。

设计基于实时数据反馈的迭代流程是确保模型能够及时响应市场变化的关

键。这样的流程不仅需要考虑数据的获取和分析速度，还需确保模型更新的及时性和准确性。通过构建灵活的迭代流程，企业可以在财务环境发生变化时快速调整其财务模型，从而保持决策的前瞻性和有效性。同时，这一流程设计还需具备一定的弹性，以适应不同市场条件下的财务需求变化。

在自动迭代过程中，数据质量控制是提升模型可靠性的基石。确保输入数据的准确性和完整性，不仅能提高模型的预测能力，还能避免因数据错误导致的决策失误。为此，企业需要建立严格的数据质量控制机制，涵盖数据收集、处理和存储的各个环节。通过对数据质量的持续监控和改进，企业能够确保其财务模型在动态环境中的稳健性和可靠性。

迭代模型的性能监控与评估机制是确保模型在实际应用中有效性的重要手段。建立持续跟踪模型效果的指标体系，可以帮助企业及时发现模型在实践中的不足，并进行必要的调整和优化。这一机制不仅包括对模型预测准确性的评估，还需考虑模型响应速度和资源消耗等因素。通过全面的性能监控，企业能够持续优化其财务模型，以支持更加精准和高效的决策。

（二）业务反馈触发迭代

业务反馈在智能决策的财务数智化绩效评价体系中扮演着至关重要的角色。通过构建有效的业务反馈机制，企业能够定期收集和分析来自用户及员工的反馈信息。这一过程不仅有助于确保财务数智化绩效评价体系能够及时反映企业的实际运营情况，还能为体系的持续优化提供数据支持。业务反馈机制的有效性依赖信息的准确性和及时性，因此，企业需要建立系统化的反馈收集流程，确保信息的全面性和可操作性。

为提高财务评价指标的灵活性，引入关键绩效指标的动态调整机制显得尤为重要。根据业务反馈及时更新和优化这些指标，可以使企业更好地适应市场变化和业务需求。这种动态调整不仅能够提高财务评价的准确性，还能增强企业的市场竞争力。在具体实施过程中，企业需要建立一套科学的评估标准，以便快速识别哪些指标需要调整，并在调整后进行效果评估，以确保调整的合理性和有效性。

跨部门协作平台的建立是确保业务反馈能够有效传递至财务决策层的关键。通过促进各部门之间的信息共享与沟通，企业可以打破“信息孤岛”，形成一个高效的反馈传递机制。这种平台不仅能够加速反馈信息的流动，还能促进不同部门之间的协同合作，确保每一个反馈都能在财务决策中得到充分的考虑。为了确保平台的高效运作，企业需要制定明确的沟通流程和责任分配，确保信息的准确传递和及时响应。

反馈驱动的定期审查流程是确保财务数智化绩效评价体系与企业战略目标保持一致的重要手段。通过定期评估体系的有效性，企业能够及时发现问题并进行调整。这种审查流程不仅有助于维持体系的高效运作，还能为企业的战略调整提供依据。在实践中，企业需要制订详细的审查计划，明确审查的频率、内容和参与人员，以确保审查工作的顺利开展和审查结果的有效应用。

数据分析工具在业务反馈的深入挖掘中发挥着不可替代的作用。通过对反馈数据的深入分析，企业能够识别出潜在问题和改进机会，从而推动财务决策的持续优化。这种数据驱动的分析方式不仅能够提高决策的科学性，还能为企业的长远发展提供战略支持。

（三）技术升级推动迭代

技术升级在现代企业财务数智化中扮演着至关重要的角色。随着技术的不断演进，财务数据处理能力得到了显著提升，确保了实时数据分析与决策支持的高效性。这一过程不仅提高了数据处理的速度和准确性，还使企业能够在瞬息万变的市场环境中保持竞争优势。通过先进的算法和工具，企业能够快速响应市场变化，作出明智的决策，从而在全球竞争中占据有利地位。

新技术的应用在数据可视化方面也取得了显著进展。通过优化数据展示效果，财务指标变得更加直观易懂，使企业的管理层能够更好地理解和利用数据进行决策。数据可视化工具的进步，使复杂的数据集得以通过简洁明了的图形和图表呈现，帮助决策者快速洞察企业运营状况，识别潜在问题和机遇。这种直观的展示方式不仅提高了数据的可读性，还增强了决策的科学性和准确性。

云计算和大数据技术的结合，极大地增强了财务模型的计算能力和存储效率。企业可以通过云平台快速扩展计算资源，以应对大规模数据处理的需求。同时，大数据技术的应用，使企业能够从海量数据中提取有价值的信息，支持复杂的财务分析和预测。这种高效的计算和存储能力，为企业提供了强大的数据支持，推动了财务管理的智能化转型。

人工智能技术的引入，使财务预测的准确性得到了显著提升，支持智能化决策的实施。通过机器学习算法，企业能够对历史数据进行深度分析，发现数据中的隐藏模式和趋势，从而进行更为精准的财务预测。这种智能化的预测能力，不仅提高了决策的科学性，还帮助企业在激烈的市场竞争中，快速调整战略，优化资源配置，实现可持续发展。

区块链技术在财务数据安全性和透明性方面的应用，确保了数据的可信度和完整性。通过区块链的分布式账本技术，企业可以实现财务数据的安全存储和透明共享，防止数据篡改和欺诈行为的发生。这种技术的应用，不仅提升了财务数据的安全性，还增强了企业内部和外部的信任关系，为企业的财务管理提供了坚实的保障。

四、版本管理与控制

（一）模型版本控制策略

在智能决策的企业财务数智化绩效评价体系的构建中，模型版本控制策略是确保模型有效性和可靠性的关键环节。模型版本控制不仅涉及技术层面的管理，还需关注模型在实际应用中的表现和反馈。通过合理的版本控制策略，可以在模型的生命周期内有效追踪和管理各个版本的演变过程，确保模型的持续优化与改进。

模型版本控制的基本原则包括版本标识、变更记录和回滚机制的设计。版本标识是识别不同模型版本的重要手段，通过明确的标识系统，可以快速定位和区分不同的模型版本。变更记录是记录每次版本更新的具体内容，包括功能改进、问题修复等，便于后续的追溯和分析。回滚机制是保障系统稳定性的重要措施，当新版本出现重大问题时，可以迅速回滚至稳定版本，减少对业务的影响。

建立版本控制系统是实现模型自动化管理与追踪的基础。一个完善的版本控制系统不仅能够记录每次更新的详细信息，还能提供便捷的查询和追溯功能，确保每次更新都有完整的记录。这种系统化的管理方式，有助于提高模型的透明度和可追溯性，为后续的优化和调整提供了坚实的基础。

制定模型版本发布策略是提升用户使用体验的重要环节。通过明确每个版本的功能、改进和已知问题，用户可以更好地理解和使用新版本的功能。同时，清晰的发布策略还可以帮助用户提前做好适应新版本的准备，减少因版本更新带来的不便和困扰，提高用户的满意度和信任度。

实施模型版本间的兼容性测试是确保新旧版本之间功能兼容的关键步骤。在更新模型版本时，兼容性测试可以帮助识别新版本可能引入的风险，确保新版本在功能上与旧版本的兼容性，避免因不兼容导致的业务中断或错误。这一过程不仅是技术层面的验证，更是保障业务连续性的重要手段。

（二）灰度发布机制

灰度发布机制作为一种重要的版本管理策略，旨在通过逐步向用户推送新版本来降低风险和确保系统稳定性。在企业财务数智化绩效评价体系中，灰度发布机制的应用尤为重要。其基本概念是，在新版本发布时，不是立即向所有用户推送，而是选择一部分用户进行试用，以便在真实环境中监测新版本的性能和稳定性。这样可以有效地降低新版本上线所带来的风险，避免对全体用户造成不必要的影响。

实施灰度发布的步骤包括几个关键环节。首先，选择用户群体。这可以根据用户的特征、使用习惯等进行细分，以确保新版本在不同用户群体中的表现。其次，设置发布比例。这是确保灰度发布顺利进行的重要步骤，通过逐步增加新版本用户的比例，可以在控制风险的同时，积累更多的用户反馈。最后，监控反馈。这是灰度发布中不可或缺的一环，通过实时监控用户反馈和系统性能，企业可以及时调整发布策略，确保新版本的顺利推广。

灰度发布机制的优势在于其能够在小范围内测试新功能的可用性和稳定性。通过在有限的用户群体中进行测试，企业可以及时发现并解决潜在问题，从而避免在大规模用户中出现问题。这种机制不仅提高了新版本的质量和稳定性，还为企业的产品迭代提供了宝贵的数据支持。通过灰度发布，企业可以更好地把控新版本的发布节奏，确保每一次更新都能为用户带来更优质的体验。

设计灰度发布的监控指标是确保灰度发布机制成功实施的重要环节。有效的监控指标能够帮助企业实时跟踪用户反馈和系统性能，及时发现问题并进行调整。在财务决策系统中，监控指标的设计尤为关键，因为财务数据的准确性和决策的及时性直接关系企业的运营效率和风险控制。通过精心设计的监控指标，企业可以快速响应用户反馈，优化发布策略，提高新版本的成功率。

（三）回滚与应急方案

在智能决策的企业财务数智化绩效评价体系构建中，回滚与应急方案是保障系统稳定性和业务连续性的关键环节。回滚机制的设计至关重要，其核心在于确保当新版本出现重大问题时，能够迅速恢复到稳定的旧版本。通过这样的机制，可以有效避免因系统故障对业务造成的负面影响。回滚机制不仅需要技术上的支持，还需要明确的流程和标准，以确保在紧急情况下能够快速执行。通过对回滚机制的不断优化和完善，企业可以在技术创新与业务稳定之间找到平衡，确保系统的可靠性和安全性。

应急响应团队的组建是回滚与应急方案中不可或缺的一部分。明确各成员在回滚与应急方案中的职责与分工，有助于提高响应速度和效率。团队成员需要具备快速分析和解决问题的能力，并在紧急情况下能够高效协作。通过定期的培训和演练，团队可以提高在实际问题发生时的应对能力，确保在最短的时间内恢复系统的正常运行。应急响应团队的有效运作，不仅依赖成员的专业能力，更需要建立在良好的沟通和协作机制之上。

实时监控系统的建立是保障新版本性能的重要手段。通过对系统的持续跟踪，可以及时发现潜在问题，并在必要时启动回滚程序。实时监控系统需要具备高灵敏度和准确性，以便在问题初现时便能作出预警。通过对监控数据的分析，能够更好地了解系统的运行状态，为优化和改进提供数据支持。实时监控不仅是技术手段的应用，更是对系统安全和稳定的承诺。

定期演练是确保回滚与应急方案有效性的关键。通过演练，团队可以熟悉流程，发现潜在的不足，并在实际发生问题时提高应对能力。演练需要在尽可能接近真实环境的条件下进行，以检验方案的可行性和有效性。通过不断地演练和反馈，能够不断完善回滚与应急方案，提高系统的整体应变能力。演练不仅是对方案的检验，更是对团队应对能力的提升。

第五章 应用层构建：系统实现与决策支持

第一节 系统架构与技术工具

一、低代码平台

（一）业务流程可视化编排

业务流程可视化编排是现代企业在智能决策支持中不可或缺的组成部分。它通过图形化的界面将复杂的业务流程直观地呈现出来，使非技术人员也能参与流程设计与优化中。业务流程的可视化不仅是为了简化流程设计，更重要的是为企业提供了一种直观的方式来识别和消除流程中的瓶颈，从而提高整体运营效率。在决策支持中，业务流程可视化编排能够帮助管理层快速理解和评估不同的业务场景，作出更加明智和及时的决策。

低代码平台的崛起为企业提供了灵活配置与调整业务流程的能力。这些平台通过预设的组件和模块化的设计，使用户能够在短时间内搭建出符合自身需求的应用系统。低代码平台的核心优势在于其灵活性和可扩展性，用户可以根据业务需求的变化，快速调整流程，确保系统始终与企业战略保持一致。这种灵活配置的能力，使企业能够在动态的市场环境中保持竞争优势，并能够迅速响应外部环境的变化。

可视化工具在业务流程优化中发挥着至关重要的作用。这些工具不仅能够提供直观的流程展示，还能通过数据分析功能，帮助企业识别流程中的低效环节。与传统的流程管理工具相比，可视化工具具有更高的易用性和直观性，能够显著降低流程优化的门槛。此外，这些工具还支持实时数据的接入和分析，使企业能够在流程运行过程中，及时发现问题并进行调整，从而提高整体流程的效率。

（二）数据模型快速构建

数据模型快速构建在现代企业财务数智化转型中扮演着关键的角色。数据模型的基本概念不仅在于其能有效地组织和呈现数据，还在于其在决策支持中的重要作用。一个完善的数据模型能帮助企业在复杂的数据环境中提取有价值的信息，进而支持智能决策的制定。通过对数据模型的有效构建，企业可以在大数据环境下实现数据的高效管理和利用，提升决策的准确性和及时性。

低代码平台为数据模型的创建提供了简化流程，降低了技术门槛，使非技术人员也能参与数据模型的构建中。这种平台通过图形化界面和预设模块，减少了对编程技能的依赖，使数据模型的创建过程更加直观和高效。低代码平台的这一特性不仅提高了企业内部的协作效率，还加快了数据模型的迭代和优化，进而提升了企业在快速变化的市场环境中的应对能力。

通过数据模型的快速构建，企业能够实现实时数据分析与决策支持。这种能力使企业能够在数据变化的第一时间获取洞察，进行快速响应。实时数据分析不仅提高了企业的运营效率，还为企业提供了竞争优势。在低代码平台的支持下，企业可以快速构建适应不同业务需求的数据模型，实现从数据采集到分析、再到决策的无缝衔接。

在数据模型构建过程中，数据集成与标准化的重要性不容忽视。数据集成确保了来自不同来源的数据能够在同一平台上进行统一管理和分析，而标准化则保证了数据的一致性和准确性。通过有效的数据集成与标准化，企业可以降低数据冗余和冲突的风险，提高数据的质量和可信度。

（三）AI组件灵活集成

AI组件灵活集成在现代企业决策支持系统中起到了至关重要的作用。AI组件通常指的是能够执行特定人工智能任务的模块，如自然语言处理、机器学习模型和数据分析工具等。这些组件通过低代码平台的支持，可以快速融入现有的系统架构中，极大地提高了系统的智能化水平。低代码平台提供了一种创新的方式，使企业能够在不需要深入编程知识的情况下，将AI技术应用于其决策支持系统中。通过这种方式，企业不仅能够减少开发的时间和成本，还能在保持灵活性的同时，提高系统的响应能力和智能化水平。

低代码平台通过提供可视化的开发界面和预构建的AI组件库，实现了AI组件的无缝集成。这种集成方式不仅简化了开发流程，还提升了系统的实时数据分析能力，使企业能够在瞬息万变的市场环境中作出快速而准确的决策。AI组件通过对海量数据的实时处理和分析，能够提供更加精准的预测和洞察，从而支持企业在战略规划和运营管理中的决策制定。随着技术的不断进步，低代码平台与AI组件的结合将进一步推动企业财务管理的智能化发展。

AI组件在实时数据分析中的应用为企业的快速决策提供了有力支持。通过低代码平台，企业可以快速部署和更新AI模型，以适应不断变化的市场需求和业务环境。这种灵活性使企业能够在竞争激烈的市场中保持优势。AI组件能够实时分析来自不同数据源的信息，识别趋势和异常，帮助企业领导者作出更明智的决策。此外，AI组件的实时分析能力还可以用于优化供应链管理、客户关系管理等关键业务领域，进一步提高企业的整体运营效率。

二、可视化工具

（一）动态数据看板定制

动态数据看板作为现代企业财务管理的重要工具，通过将复杂的数据转化为可视化的图表和仪表盘，帮助管理层更直观地了解财务状况。动态数据看板的定义不仅限于简单的图表展示，更在于其实时更新和交互性，使企业能够在瞬息万变的市场环境中作出迅速而准确的决策。在企业财务决策中，动态数据看板的重要性体现在其能够将大量数据整合为简洁明了的视觉信息，从而支持决策者快速识别趋势和异常，作出明智的财务决策。

定制化动态数据看板的一个显著优势在于其灵活性，可以根据不同管理层的需求进行调整，从而提高决策效率。高层管理者可能需要宏观层面的财务健康状况，而中层管理者可能关注具体的运营指标。通过定制化的动态数据看板，各级管理者能够获得与其职责相关的关键信息，从而提高决策的精准性和时效性。这种定制化的能力确保了企业在不同的管理层次上都能有效地利用数据驱动决策，提高整体的运营效率。

在动态数据看板中，关键指标的选择至关重要，因为这些指标直接影响到财务绩效评价的准确性。选择适当的关键指标需要考虑企业的战略目标、行业特性以及当前的市场环境。通过对这些因素的综合分析，企业可以确定哪些指标最能反映其财务健康状况和运营效率。关键指标的合理选择不仅能够提高财务绩效评价的客观性，还能为企业的战略调整提供有力支持，确保企业在竞争激烈的市场中保持竞争力。

通过动态数据看板实现实时数据监控，可以显著促进企业财务透明度和响应速度。在信息技术快速发展的今天，企业面临的市场变化愈加频繁和复杂，实时的数据监控能力成为企业保持竞争优势的关键。动态数据看板通过实时的数据更新和可视化展示，使企业能够快速识别和响应财务异常和市场变化，从而优化资源配置，降低运营风险。

（二）三维空间数据呈现

三维空间数据呈现是一种通过立体视觉效果展示数据的技术，旨在提升数据的可视化表现力。相较于传统的二维数据呈现方式，三维空间能够提供更为丰富的信息维度，使用户在观察数据时能获得更为直观的感受。这种展示方式不仅可以有效地呈现复杂的数据结构，还能通过立体的视角帮助用户更好地理解数据之间的关系，从而为企业的智能决策提供更有力的支持。

在复杂数据分析中，三维空间数据呈现被定义为一种通过三维图形和模型来展示数据集的技术手段。这种呈现方式的重要性在于它能够将多维数据直观化，帮助决策者快速识别数据中的趋势和异常点。通过三维空间的展示，数据分析师可以更容易地进行数据的切片、旋转和放大，从而获得更深层次的洞察。这对于处理海量数据和复杂模型的企业尤为重要，因为它能够显著提高数据分析的效率和准确性。

三维空间数据呈现通过增加数据的维度和深度，显著增强了数据的可视化效果。用户可以通过旋转、缩放和切片等交互方式，更加全面地观察数据的各个方面。这种交互性不仅提高了用户的参与感，也增强了他们对数据的理解与洞察能力。通过立体的视角，用户能够更快地识别数据中的关键模式和趋势，从而在决策过程中作出更为明智的选择。这种增强的可视化效果为企业在快速变化的市场环境中提供了竞争优势。

三维空间数据呈现常用的技术与工具包括虚拟现实（VR）、增强现实（AR）和3D建模软件等。这些技术通过提供沉浸式的交互体验，使用户能够以更自然的方式与数据进行互动。数据交互性在三维呈现中得到了极大的提升，用户可以通过手势、语音等多种方式操控数据模型。这种交互性不仅提高了数据分析的灵活性，也增强了用户对数据的参与感和理解力，为企业的决策支持系统提供了更为丰富的功能。

在企业财务决策中，三维空间数据呈现已经展现出其独特的优势。例如，通过三维财务报表展示，管理层可以更直观地分析企业的财务状况和经营成果。某些企业已经通过应用三维数据可视化工具，显著提高了决策的质量和效率。

通过立体的财务数据展示，决策者能够更快速地识别潜在的风险和机会，从而制定出更加精准的策略。

（三）交互式分析界面

交互式分析界面是现代企业财务决策中不可或缺的工具。它不仅是一个数据展示的平台，还是一个多维度探索和分析的系统。交互式分析界面通过直观的图表和动态的交互功能，使决策者能够从海量数据中快速提取关键信息。这种界面的设计旨在简化复杂数据的呈现，帮助用户在短时间内获得有价值的洞察。通过交互式分析界面，用户可以灵活地调整分析维度，从而在不同的业务场景下作出更为精准的决策。

交互式分析界面的定义及其在企业财务决策中的重要性不容忽视。它不仅提供了数据的可视化展示，更重要的是赋予用户与数据互动的能力。企业在面对快速变化的市场环境时，需要依赖准确的数据分析来支持决策，而交互式分析界面正是实现这一目标的关键工具。通过这种界面，企业可以实时监控财务指标，预测市场趋势，并制定相应的战略调整。这种能力在提高企业竞争力方面发挥着重要作用。

通过交互式分析界面实现数据的多维度探索，可以显著提升决策的灵活性与准确性。用户可以根据不同的分析需求，自定义数据的展示方式，深入挖掘数据背后的商业价值。这种多维度的探索能力使决策者能够从多个角度审视问题，从而制订更全面的解决方案。此外，交互式分析界面还支持实时数据的更新，确保决策基于最新的信息，使企业能够快速响应市场变化。

交互式分析界面的用户体验设计要素至关重要，它直接影响到用户的参与感与数据理解能力。良好的用户体验设计不仅需要考虑界面的美观性，还要注重交互的流畅性和数据的易读性。通过直观的导航和简洁的操作流程，用户能够更轻松地进行数据分析。同时，增强的视觉效果和互动功能可以提升用户对数据的理解能力，使他们更有信心地进行决策。

交互式分析界面在实时数据反馈中的应用，极大地促进了快速响应与决策优化。企业在面对动态的市场环境时，需具备迅速调整策略的能力。交互式分析界面通过实时的数据更新和反馈机制，使企业能够及时捕捉市场变化，进行快速的决策调整。这种能力不仅提高了企业的运营效率，还增强了其市场适应性，使其在竞争激烈的商业环境中占据有利地位。

（四）多终端自适应展示

多终端自适应展示在现代企业财务决策中扮演着至关重要的角色。它的核心在于确保不同设备用户均能顺利访问和使用系统，无论是在桌面电脑、平板电脑还是智能手机上。这种展示方式的定义涉及响应式设计技术的应用，旨在优化数据在各种屏幕尺寸上的展示效果，从而提升用户体验。在企业财务决策中，确保信息在不同终端上的一致性和可访问性，不仅提高了系统的适用性，也提高了用户与系统交互的便利性和效率。

通过响应式设计技术，可以实现数据展示在不同屏幕尺寸上的优化。具体而言，这种技术能够自动调整布局和内容，以适应用户所使用的设备。这种优化不仅包括调整图表和表格的显示方式，还涉及文字大小、间距等细节的调整，以确保信息的清晰度和可读性。对于企业财务系统而言，良好的用户体验是系统成功的关键，而响应式设计正是实现这一目标的重要手段。通过这种技术，用户可以在不同场景下获得一致的使用体验，从而提升整体满意度。

多终端自适应展示对数据访问速度和交互性有显著影响。实时数据更新和快速反馈是现代决策支持系统的基本要求，而自适应展示技术通过优化数据加载和传输路径，确保了这一点。数据的快速访问和更新不仅提高了决策的时效性，也增强了用户的交互体验。在多终端环境中，用户期望能够快速获取最新的财务信息，并在必要时进行深入分析，因此，优化的数据访问速度和交互性成为系统设计的重点。

在多终端环境中，实现信息的一致性与准确性是支持跨平台决策支持的基础。通过统一的数据源管理，企业能够确保无论用户使用何种设备，所访问到的信息都是一致且准确的。这种一致性不仅体现在数据内容上，也包括数据格式和展示方式的统一。在跨平台决策支持中，确保数据的一致性和准确性，能够有效避免因信息不对称或误差导致的决策失误，从而为企业提供更为可靠的决策依据。

三、云端部署与边缘计算结合

（一）混合云架构设计

混合云架构设计在企业财务数智化中扮演着至关重要的角色。作为一种集成公有云和私有云的技术方案，混合云架构能够为企业提供灵活的资源配置和高效的数据处理能力。其设计不仅是对传统 IT 架构的延伸，更是对企业财务管理模式的革新。通过混合云，企业可以在私有云中存储敏感数据，同时利用公有云进行大规模数据分析，从而实现资源的最优配置。这种架构在提高企业财务管理效率的同时，也为智能决策提供了坚实的技术支持。

混合云架构的定义及其在企业财务数智化中的应用价值不容小觑。在财务数智化的背景下，企业需要处理海量的财务数据，而混合云架构可以通过其灵活的计算和存储能力，帮助企业快速响应市场变化。混合云架构不仅简化了数据的管理流程，还通过其强大的扩展性和灵活性，满足了企业在不同发展阶段的多样化需求。尤其是对于那些需要在全球范围内进行业务拓展的企业，混合云架构的应用价值尤为显著，它能够支持企业在不同地域的业务运营，从而实现全球化的财务管理。

混合云架构如何实现数据的灵活存储与处理，提高财务决策的实时性是其核心优势之一。通过混合云架构，企业可以在私有云中存储关键数据，确保数据的安全性，同时利用公有云的计算能力进行复杂的数据分析。这种灵活的存储与处理方式，使企业能够在瞬息万变的市场环境中，快速作出财务决策。混合云架构的这种实时性优势，不仅提高了企业的决策效率，也增强了企业在市场竞争中的应变能力。

通过混合云架构保障数据安全与合规性，提升企业财务管理的信任度是企业关注的重点。混合云架构通过多层次的安全措施，确保数据在传输和存储过程中的安全性。同时，混合云架构的合规性设计，帮助企业遵循各种国际和地区的法律法规，从而减少合规风险。这种安全与合规性的保障，使企业在进行财务数据管理时，能够更加放心，进而提升企业财务管理的信任度和透明度。

混合云架构对企业资源的优化配置及成本控制的影响，促进财务效益的提升。通过混合云架构，企业可以根据业务需求动态调整资源配置，避免资源的浪费。此外，混合云架构的弹性计费模式，使企业能够根据实际使用情况进行费用支出，从而有效控制成本。这种资源优化与成本控制的优势，不仅提高了企业的财务效益，也为企业的可持续发展提供了坚实的基础。

（二）边缘节点智能分流

边缘节点智能分流是一种在数据处理领域中逐渐兴起的技术，其核心在于将数据处理任务从中心云端分配到更靠近数据源的边缘节点进行处理。这种方法不仅能够大幅度降低中心服务器的负载，还能提高数据处理的效率和响应速度。在企业财务数智化过程中，边缘节点智能分流可以实现对财务数据的快速处理和分析，支持企业进行更为及时和精准的决策。这种技术的应用，正逐步改变传统的财务数据管理方式，为企业提供了新的发展机遇和挑战。

边缘节点智能分流在财务数据处理中的作用尤为显著。通过将大量的初步数据处理工作下放到边缘节点，企业可以有效缩短数据处理的时间，从而提高整体的实时性和效率。这种处理方式尤其适用于需要快速响应的财务决策场景，如实时的财务风险监控和动态的资金流管理。此外，边缘节点智能分流还能够减少中心数据处理节点的压力，使其能够专注于更复杂的数据分析和战略决策支持任务，从而优化整个财务数据处理流程。

在提高数据处理的实时性与效率方面，边缘节点智能分流通过减少数据传输的延迟和带宽占用，实现了显著的优化。通过在边缘节点进行数据的初步处理和过滤，企业能够减少需要传输到中心服务器的数据量，从而降低网络带宽的使用和相关成本。此外，这种分流机制还能够在数据传输过程中进行初步的分析和筛选，确保传输到中心的数据更加精准和有价值，为后续的深度分析和决策支持提供坚实的基础。

边缘节点智能分流对数据传输带宽的优化及成本控制具有重要意义。通过减少不必要的数据传输，企业可以显著降低网络传输的成本，同时提高数据传输的效率。这种优化不仅能够为企业节省大量的运营成本，还能提高财务数据处理的整体效率和可靠性。此外，边缘节点智能分流还可以通过智能化的流量管理策略，进一步提高网络资源的利用效率，为企业财务数智化转型提供有力支持。

在数据安全与隐私保护方面，边缘节点智能分流具有重要的应用策略。通过在边缘节点进行数据的初步处理，企业可以在数据传输到中心之前进行必要的加密和匿名化处理，从而有效降低数据泄露和隐私侵犯的风险。这种策略不仅能够提升企业的数据安全等级，还能增强客户和合作伙伴对企业数据管理能力的信任，为企业在数字化时代的竞争中赢得更多的优势和机遇。

（三）数据协同计算策略

数据协同计算策略在现代企业财务决策中扮演着至关重要的角色。它的基本概念是通过多系统间的数据实时共享与协同处理，实现信息的无缝流动。这种策略不仅能够提高数据的利用效率，还能确保各个系统在进行财务决策时所依据的数据是最新的和最全面的。通过数据协同计算，企业可以打破“信息孤岛”，实现跨部门的信息整合，从而提升财务分析的全面性与准确性，为企业的高效决策提供坚实的基础。

在企业内部，数据协同计算策略通过实现跨部门的信息整合，显著提升了财务分析的全面性与准确性。这种整合不是数据的简单汇集，而是通过智能化的处理与分析，揭示出数据之间潜在的联系和趋势。通过这种方式，企业能够更准确地预测财务走向，优化资源配置，并在市场竞争中占据优势。此外，数据协同计算策略还能够帮助企业识别潜在的风险和机遇，确保决策的科学性和前瞻性。

数据协同计算中的数据同步机制是其核心技术，确保了各业务系统间数据的一致性与实时更新。这种机制通过高效的数据传输和处理技术，能够在不同系统之间实现数据的快速同步，避免了因数据不一致而导致的决策失误。通过实时更新，企业能够及时获取最新的财务信息，从而对市场变化作出快速响应。这种机制不仅优化了财务管理流程，还提高了企业整体运营的灵活性和适应能力。

第二节　智能决策支持的场景化应用

一、实时财务健康度监测

（一）现金流动态预测模型

现金流动态预测模型在企业财务管理中扮演着至关重要的角色。其基本构成要素包括历史数据分析、预测算法选择和实时数据更新机制。通过对企业历史现金流数据的深入分析，模型能够识别出影响现金流变化的关键因素，从而为预测提供基础。同时，预测算法的选择直接关系到模型的准确性与适用性，常用的算法包括时间序列分析、回归模型等。实时数据更新机制则确保模型能够及时反映市场环境和企业运营的变化，保持预测的实时性和准确性。

利用机器学习和统计分析技术，现金流动态预测模型的准确性与灵活性得到了显著提升。机器学习算法如随机森林、支持向量机等，能够自动从大量数据中挖掘出潜在的模式和规律，提升预测的精度。此外，统计分析技术可以帮助识别数据中的异常和趋势，为企业提供更为可靠的预测结果。这些技术的结合，使企业能够在复杂多变的市场环境中，依然保持对现金流的精准把控，支持快速而有效的决策制定。

现金流动态预测模型在不同业务场景下的适用性需要进行详细分析。比如，在季节性波动明显的行业，模型需要考虑季节性因素对现金流的影响；在市场需求变化较大的行业，模型需具备快速响应市场变化的能力。通过对不同业务场景的深入分析，企业可以根据自身特点调整模型参数，提高模型的适用性和预测效率。这种灵活性使模型能够在多变的市场环境中，持续为企业提供可靠的决策支持。

为了帮助管理层快速理解现金流状况，现金流动态预测模型的可视化展示显得尤为重要。通过图表、仪表盘等可视化工具，管理层能够直观地看到企业现金流的变化趋势和预测结果。这种可视化展示不仅提高了信息传递的效率，还能帮助管理层识别潜在的财务风险和机会，从而制定更为合理的财务决策。

（二）偿债能力预警指标

在企业财务管理中，偿债能力预警指标作为一种重要的工具，能够帮助企业及时识别潜在的财务风险。这些指标通过对企业的偿债能力进行量化评估，提供了一个预警机制，使企业在财务健康状况出现问题之前能够采取适当的措施进行调整。偿债能力预警指标的定义不仅涉及财务数据的监测，还包括对企业运营环境的综合分析，从而在复杂多变的市场环境中保持财务稳健性。通过这一机制，企业可以更好地掌握自身的财务健康状况，避免因财务问题导致的经营风险。

关键偿债能力指标的构成包括流动比率、速动比率和负债率等，这些指标共同作用于企业偿债能力的综合评估。流动比率通过衡量企业流动资产与流动负债的比值，反映企业短期偿债能力的强弱；速动比率剔除了存货的影响，更加严格地评估企业的流动性；负债率通过分析企业总负债与总资产的比例，揭示企业长期偿债风险。这些指标的综合分析有助于企业全面了解其偿债能力，从而制定更为科学的财务策略，确保企业在债务管理方面的稳健性。

构建偿债能力预警系统需要利用先进的数据模型和算法，以实现对偿债能力指标的实时监测与预警。这一系统通过对企业财务数据的持续采集与分析，能够在指标接近警戒线时发出预警信号，为企业提供及时的风险提示。数据模型的设计需要考虑多种因素，包括企业的行业特点、市场环境变化以及历史财务数据等，从而确保预警系统的准确性和可靠性。通过这样的系统，企业能够在瞬息万变的市场环境中保持财务的灵活性和应对能力。

通过可视化工具展现偿债能力预警指标，可以有效提升管理层对企业财务状况的理解与决策支持。可视化工具将复杂的财务数据转化为直观的图形和图表，使管理层能够快速捕捉关键信息，进行深度分析与决策。图形化的展现方式不仅提高了信息传递的效率，还增强了财务分析的可操作性和互动性。通过这种方式，企业管理层可以更好地掌握财务动态，进行前瞻性的战略规划，确保企业在财务管理上的领先优势。

（三）成本异常实时监测

成本异常实时监测在现代企业财务管理中扮演着至关重要的角色。其基本概念是通过监测成本数据的波动和异常，及时识别潜在的财务风险。这一过程需要对企业的成本数据进行持续的跟踪和分析，以便在出现异常时能够迅速作出反应。通过实时监测，企业能够在早期阶段发现问题，从而避免更大的财务损失。这种实时监测的能力对于企业在快速变化的市场环境中保持竞争力至关重要。

为了实现成本异常的实时监测，企业需要利用先进的算法和数据分析技术，建立高效的实时监测系统。该系统能够自动识别和报警异常成本情况，从而提升企业对成本问题的响应速度。通过数据分析，系统能够对成本数据进行深入挖掘，识别出潜在的异常模式，并及时向管理层发出警报。这种自动化的监测机制不仅提高了效率，还减少了人为因素导致的误判和延误，为企业的财务管理提供了有力支持。

在成本异常监测过程中，关键指标的选择至关重要。通常，企业需要关注单位成本、变动成本和固定成本的变化趋势。这些指标能够帮助企业快速定位问题所在，并采取相应措施进行调整。通过分析这些指标的变化，企业能够更好地理解成本结构的动态变化，从而作出更为精准的决策。这种基于数据的决策支持能够帮助企业优化资源配置，提高整体运营效率。

为了进一步增强管理层对成本结构的理解，企业可以通过可视化工具展示成本异常监测的结果。可视化工具能够将复杂的数据转化为直观的图表和图形，使管理层能够更清晰地看到成本异常的具体情况。这种可视化的方式不仅提高了信息传递的效率，还支持精准决策与资源配置。通过对成本异常的可视化分析，企业能够更好地理解成本结构的变化趋势，进而制定更为有效的管理策略。

二、战略投资智能推演

（一）多维度投资评估模型

多维度投资评估模型在现代企业决策中扮演着至关重要的角色。该模型的基本构成涵盖了财务指标、市场潜力、技术可行性以及管理团队能力等多方面因素，旨在为企业提供全面的投资分析框架。财务指标是评估投资项目的基础，通常包括净现值、内部收益率和投资回收期等，这些指标能够帮助企业初步判断项目的经济可行性。市场潜力分析关注市场规模、增长率及竞争格局，通过对市场环境的深入理解，预测项目的市场表现。技术可行性评估关注项目的创新性和技术成熟度，确保技术方案的可操作性。管理团队能力评估则通过分析团队的经验、管理能力及执行力，为项目的成功实施提供保障。

在多维度投资评估模型中，量化分析与定性评估的结合是确保投资项目全面评估的重要手段。量化分析提供了具体的数据支持，使投资评估更具客观性和可比性，而定性评估则通过对市场趋势、政策环境和企业战略的理解，提供了更为灵活的视角。这种结合不仅能够降低决策风险，还能提升投资决策的科学性和准确性。此外，量化分析与定性评估的结合也为企业在动态环境中进行快速反应和调整提供了依据，尤其是在面对不确定性较高的投资环境时，这种结合显得尤为重要。

在投资评估过程中，敏感性分析是一项关键技术。通过评估不同假设条件下的投资回报，敏感性分析帮助管理层理解潜在的风险与收益。这种分析可以揭示出哪些因素对投资回报影响最大，从而帮助企业更好地识别和管理风险。例如，通过调整市场增长率、成本结构或技术进步速度等关键假设，企业能够预见不同情景下的财务表现，并据此制定相应的风险管理策略。敏感性分析不仅提高了投资评估的精确性，还增强了企业应对市场变化的灵活性。

（二）市场波动情景模拟

市场波动情景模拟是一种通过构建不同的市场情景来预测和分析企业财务表现的方法。它在投资决策中扮演着至关重要的角色，尤其是在当前全球经济形势复杂多变的背景下。通过模拟市场波动，企业能够更好地理解外部环境变化对其财务表现的影响。这种理解不仅有助于企业在面对突发市场变化时迅速调整策略，还能在长期战略规划中提供数据支持。市场波动情景模拟使企业能够预测不同情景下的财务结果，从而在不确定性中找到相对稳定的经营路径。通过这种方式，企业可以更有效地分配资源，优化投资组合，进而实现财务目标。

在市场波动情景模拟中，构建不同的市场情景是关键步骤。这一过程涉及设置各种可能的市场条件，如经济增长放缓、政策变化或技术革新等，然后分析这些情景下的财务指标变化。通过对比分析，企业管理层可以识别出在不同市场情景下的财务风险和机遇。这种分析不仅局限于财务报表数据，还包括对现金流、盈利能力和资本结构等关键指标的深入研究。通过这种方式，管理层能够制定出灵活的应对策略，以确保企业在各种市场条件下都能保持竞争力和财务稳健。这种灵活性是企业在面对不确定市场环境时的核心竞争力之一。

市场波动情景模拟的科学性和准确性在于其对历史数据的有效利用和市场预测模型的精确构建。通过回顾历史数据，企业可以识别出市场波动的规律和趋势，并将这些信息应用于未来市场情景的预测中。市场预测模型则为模拟提供了结构化的框架，能够在不同经济条件下模拟投资回报。这一过程不仅提高了投资决策的科学性，还使企业能够在复杂的市场环境中作出更为准确的判断。通过这种模拟，企业可以评估不同投资方案的潜在收益和风险，从而优化投资决策，最大化股东价值。

市场波动情景模拟与风险管理工具的结合，为企业在不确定市场环境中提供了强有力的决策支持。这一结合使企业能够在识别市场风险的同时，评估其对财务表现的潜在影响，并制定相应的风险缓解策略。通过整合风险管理工具，企业可以量化风险暴露，设定风险承受能力，并建立风险应对措施。这不仅增强了企业的决策能力，也提升了其在市场中的竞争优势。

（三）组合优化推荐算法

组合优化推荐算法的基本原理是通过数学模型与算法的结合，实现投资组合收益与风险的优化平衡。这一过程涉及复杂的数学计算和精确的算法设计，以确保在多变的市场环境中，投资组合能够最大化收益的同时，保持在可接受的风险水平内。这种平衡需要考虑多种因素，包括市场波动、资产相关性以及投资者的风险偏好等，进而形成一个动态且可调整的投资策略。

在组合优化推荐算法的应用中，结合多种数据源与指标是提升其精准度的关键。通过利用机器学习技术，可以有效地处理海量数据，识别出潜在的市场趋势和投资机会。这不仅提高了算法的预测能力，还增强了投资决策的科学性和可靠性。数据源的多样性，诸如宏观经济指标、行业动态和公司财务数据，能够为算法提供全面的信息支持，从而在复杂的市场环境中作出更为精准的投资判断。

实时数据分析与反馈机制是组合优化推荐算法的重要组成部分。通过对实时数据的分析，算法能够及时捕捉市场变化，并根据这些变化动态调整投资组合。这种灵活性和响应速度是应对市场不确定性的有效手段。反馈机制则是确保投资策略持续优化的关键，通过不断评估投资组合的表现，调整算法参数，以适应新的市场条件，确保投资组合始终处于最佳状态。

组合优化推荐算法在实际应用中需经过一系列关键步骤。首先是数据收集，确保所用数据的全面性和准确性；其次是模型构建，利用先进的算法设计出符合投资目标的优化模型；再次是优化计算，通过迭代和调整，找到最优的投资组合方案；最后是结果评估，通过对投资组合的表现进行分析，确保其在实际应用中的可操作性和有效性。

（四）决策路径回溯分析

在智能决策支持系统中，决策路径回溯分析是一个重要的工具。它的基本概念在于通过对历史决策过程的回顾，识别影响决策结果的关键因素。这一过程不是对过去事件的简单重现，而是通过系统化的方法，揭示出隐藏在历史数据中的深层次因素。通过这种分析，企业管理层可以更好地了解哪些因素在何种情况下发挥了关键作用，从而为未来的决策奠定更为坚实的基础。决策路径回溯分析不仅有助于总结经验教训，还能为战略调整提供科学依据。

利用数据挖掘技术，决策路径回溯分析从历史决策数据中提取模式，分析不同决策路径对财务绩效的影响。数据挖掘的过程包括数据清洗、模式识别和模式验证等步骤，通过这些步骤可以揭示出历史决策中一系列复杂的因果关系。不同的决策路径可能导致不同的财务结果，而通过对这些路径的分析，可以帮助企业识别出最优的决策路径。这种分析不仅可以提高决策的科学性，还能帮助企业在复杂多变的市场环境中保持竞争优势。

构建可视化决策路径图是决策路径回溯分析的关键步骤。通过可视化技术，管理层可以直观地理解整个决策过程中的关键节点和转折点。这样的图示不仅提高了决策过程的透明度，还能帮助管理层快速识别出决策中的关键影响因素和潜在风险。可视化工具的应用使复杂的决策过程变得更加透明和易于理解，从而提高了企业内部沟通的效率，并为后续决策的优化提供了有力支持。

三、风险预警与应急预案生成

（一）风险信号自动捕获

风险信号自动捕获在现代企业财务管理中扮演着至关重要的角色。其基本定义强调了通过实时监测系统识别潜在财务风险信号的必要性。这一机制的核心在于利用先进的技术手段，实时监控企业的财务数据，确保在风险发生的初期就能被及时捕捉和识别，从而为企业的风险管理提供坚实的基础。通过这种方式，企业能够在复杂多变的市场环境中保持稳健的财务表现，降低风险带来的不确定性。

在风险信号自动捕获的过程中，机器学习算法的应用尤为突出。通过分析财务数据中的异常模式，这些算法能够自动识别和捕获可能的风险信号。这种方法不仅提高了风险识别的效率，还增强了风险管理的准确性。机器学习的优势在于其自我学习和不断优化的能力，使风险信号的捕获不再依赖传统的人工经验判断，而是通过数据驱动的方式实现更为科学的决策支持。

风险信号自动捕获的技术实现涉及多个关键步骤，包括数据采集、处理和分析的流程。首先，企业需要建立一个高效的数据采集系统，确保财务数据的完整性和及时性。其次，通过数据处理技术，对采集到的数据进行清洗和整理，以便于后续的分析。最后，利用先进的分析工具，对整理后的数据进行深入分析，识别出潜在的风险信号。这一流程的严谨性和科学性，确保了风险信号捕获的及时性和准确性，为企业的风险管理提供了坚实的技术支撑。

（二）影响程度智能评估

影响程度智能评估是在企业财务数智化体系中，通过数据分析技术对潜在风险的影响程度进行量化评估的关键环节。此过程不仅涉及对风险的识别，还包括对其潜在影响的深度分析。通过运用先进的数据分析工具，企业能够将复杂的风险因素转化为可量化的指标，从而更准确地评估风险对财务绩效的影响。这种评估方法的核心在于对风险因素进行全面分析，并借助算法模型实现对风险影响的精确量化，为企业提供可靠的决策支持。

为了确保影响程度评估的科学性与准确性，构建评估模型时需谨慎选择风险因子，并合理分配其权重。识别风险因子是评估模型的基础，需从企业运营的各个方面进行全面考量，然后再针对不同风险因子的重要性进行权重分配，以反映其对企业财务状况的不同影响程度。量化指标的选择需要结合企业的实际运营数据和行业标准，确保评估模型的结果具有实际指导意义。这一过程的精细化处理，能够显著提升评估的精确度和可靠性。

在实时监控中，影响程度智能评估发挥着至关重要的作用。通过动态数据分析，企业可及时识别和评估风险变化，进而快速响应。这种实时监控能力依赖对大量数据的快速处理和分析，能够在风险发生的早期阶段提供预警信号。企业管理层可以根据这些信号，迅速采取措施，降低风险对企业运营的负面影响。这种实时性和前瞻性，使影响程度智能评估成为企业风险管理的重要工具。

评估结果的可视化展示是影响程度智能评估的最后一步，旨在帮助管理层直观理解风险的严重程度及其对企业财务状况的潜在影响。通过可视化工具，复杂的评估数据可以转化为易于理解的图表和报告，为管理层提供清晰的决策依据。这不仅提高了管理层的风险意识，还促进了企业内部的沟通与协作，使各部门能够在统一的风险视角下，协调行动，共同应对潜在挑战。

（三）预案知识库匹配

预案知识库匹配在现代企业风险管理中扮演着至关重要的角色。预案知识库是一个系统化的信息存储与检索平台，旨在通过高效的知识管理来提升企业应对风险的能力。其核心在于将历史数据、专家经验和最佳实践方案整合在一起，形成一个动态更新的数据库。通过这种方式，企业能够在面临突发事件时，迅速从知识库中检索到最相关的应对方案，从而有效降低风险带来的损失。预案知识库的建立不是信息的简单堆积，而是对信息进行结构化处理和智能化匹配的过程。

预案知识库的动态更新机制是其保持高效运作的关键。通过实时反馈和数据分析，知识库能够不断进行自我完善，确保信息的时效性与准确性。在实际应用中，企业可以利用先进的数据分析工具，对风险事件进行实时监测和评估，及时更新知识库中的信息。这种动态更新机制不仅提高了知识库的响应速度，还增强了其在复杂环境下的适应能力。通过不断吸收最新的行业动态和风险信息，预案知识库能够为企业提供更为精准和有效的决策支持。

在应急响应过程中，预案知识库的应用尤为突出。通过快速匹配风险信号与相应预案，企业能够显著提高决策效率与应急处理能力。当风险事件发生时，系统会自动识别相关信号，并在知识库中检索出最合适的应对方案。这一过程不仅缩短了决策时间，还提高了应急响应的准确性和有效性。

第三节　人机协同的决策模式

一、人机分工协作机制

（一）机器擅长领域划分

在现代企业财务管理中，机器的作用越发不可或缺。机器擅长领域划分对于提升企业财务数智化绩效具有重要意义。首先，机器在数据处理与分析中的高效性尤为突出。它能够快速处理海量财务数据，并提供实时反馈，这种能力大幅提高了数据处理的效率和准确性。通过高效的数据处理，企业可以更快地获取财务信息，从而作出更及时的决策。其次，机器在模式识别和异常监测中展现出显著优势。通过复杂的算法和模型，机器能够识别出潜在的财务风险和异常模式，为企业的风险管理提供了有力支持。

通过预设的模板和数据，机器能够自动生成财务报告。这不仅节省了人力成本，还提高了报告的生成速度和准确性。自动化报告生成使财务人员能够将更多精力投入战略分析和决策支持中，而不是耗费在烦琐的报告编制上。同时，机器在复杂计算与预测模型构建中的专业性也不容忽视。通过先进的算法，机器能够进行精确的财务预测与分析。这种预测能力使企业能够更好地规划未来财务策略，优化资源配置，并提高整体财务绩效。

机器在数据整合与标准化中的作用不可替代。企业通常面临来自不同系统的数据，这些数据格式各异，难以直接进行整合。机器通过其强大的数据处理能力，能够有效整合这些数据，确保数据的一致性与准确性。这不仅改善了数据质量，还为企业的决策提供了可靠的数据基础。通过对数据的整合与标准化，企业能够更好地进行跨部门、跨系统的协同管理，提高整体运营效率。

（二）人类决策保留范围

在智能决策系统中，人类决策的保留范围体现了人类在复杂情境下的独特优势。人类凭借其直觉与经验，能够在面对复杂决策时有效判断情境并作出灵活应对。直觉与经验不仅是人类在长期实践中积累的智慧结晶，更是应对突发状况时的利器。通过直觉，人类能够在瞬息万变的环境中迅速识别关键因素，并作出相应调整。这种能力在现代企业的财务决策中尤为重要，能够帮助企业在瞬息万变的市场中保持竞争力。

人类在决策过程中对伦理和道德问题的敏感性，使其能够在决策中充分考虑社会责任和价值观。这种敏感性源自人类道德观念的内化和对社会规范的深刻理解。在企业的财务决策中，伦理和道德问题往往涉及企业的社会形象和长远利益。通过将社会责任纳入决策考量，人类能够确保企业在追求经济利益的同时，不偏离社会价值观的轨道。这种对伦理和道德的关注，也为企业的可持续发展提供了坚实的基础。

在信息不完全或模糊的情况下，人类的判断能力尤为突出。人类能够通过推理和判断填补数据空白，进而作出明智的决策。这种能力在企业财务数智化绩效评价体系的构建中尤为关键。在许多情况下，数据的不完整性可能导致决策的偏差，而人类的推理能力则能够有效弥补这一不足。通过对信息的综合分析和合理推断，人类能够在不确定的环境中仍然作出高质量的决策，确保企业的财务健康和稳健发展。

人类在团队协作中的沟通与协调能力，是实现创新决策的关键。通过有效的沟通，人类能够促进不同观点的融合，激发创造性思维。这种能力在企业的决策过程中尤为重要，特别是在涉及多部门协作的复杂决策中。通过协调不同部门的意见和建议，人类能够形成更为全面和深入的决策方案，推动企业的创新发展。这种沟通与协调能力，也是人类在智能决策系统中不可或缺的重要组成部分。

在人类的长期战略规划中，前瞻性思维起着至关重要的作用。人类能够整合多种因素，制定出可持续发展的决策。这种前瞻性思维不仅体现在对市场趋势的敏锐洞察，还包括对企业内部资源的合理配置。在企业的财务管理中，前瞻性思维能够帮助企业提前识别潜在风险，并制定相应的应对策略，确保企业在激烈的市场竞争中立于不败之地。

（三）协作流程标准化

协作流程标准化在企业决策中扮演着至关重要的角色。它不是一个简单的流程统一化过程，而是通过系统化的流程设计来提高决策效率和透明度。标准化的流程可以有效减少决策过程中由于信息不对称或沟通不畅而导致的误判。通过明确的流程步骤，各个决策环节的参与者能够清晰地理解自己的职责和任务，从而在决策过程中形成合力，确保决策的快速和准确。这种标准化流程的实施，使企业能够更好地应对复杂的市场环境和快速变化的外部条件。

在构建标准化协作流程时，需要进行流程图的绘制。流程图不仅能够直观地展示各个环节的连接关系，还能帮助参与者理解整个决策过程的全貌。在此基础上，明确角色分配与责任界定是确保流程有效运行的关键。每个参与者都应当清楚自己的职责范围和目标，以便在执行过程中能够自觉地履行职责，减少因职责不清导致的推诿和效率低下。通过这种方式，企业能够确保各个环节的紧密连接，形成一个高效运转的决策体系。

标准化的协作流程对信息流动有着显著的影响。信息的快速传递与共享是团队高效协作的基础。通过标准化流程，信息能够在团队成员之间快速流动，减少了沟通中的障碍和成本。这样不仅提高了信息的传递效率，还增强了团队成员之间的信任与协作。特别是在跨部门协作中，标准化流程能够有效地整合各部门的信息资源，形成一个信息共享的平台，促进企业整体决策水平的提高。

在风险管理中，标准化流程的应用不可或缺。通过预设的决策路径和应急预案，企业能够在面临突发事件时迅速作出反应，降低风险带来的损失。标准化流程为企业提供了一个清晰的决策框架，在紧急情况下，使各个环节能够按照既定的方案有序运作，从而提升企业的风险应对能力。这种系统化的风险管理策略，使企业在复杂多变的市场环境中保持竞争优势。

协作流程标准化在绩效评价中发挥着重要作用。通过制定量化指标和评估标准，企业能够更好地促进团队协作与绩效的有效对接。在标准化流程中，各个环节的绩效都可以通过量化指标进行评估，这不仅有助于发现流程中的瓶颈和不足，还能激励团队成员不断优化流程，提高整体绩效。

二、决策过程可视化

（一）模型推理过程展示

在现代企业的财务数智化绩效评价体系中，模型推理过程展示是实现决策透明化和可追溯性的重要环节。模型推理过程的基本框架主要包括数据输入、处理和输出三个阶段。数据输入阶段，企业需要明确决策所需的核心数据来源，确保数据的准确性和完整性。数据处理阶段，强调逻辑顺序的严格遵循，以保证数据在传输和转换过程中的一致性。数据输出阶段，模型将处理后的信息转化为可操作的决策建议，为管理层提供科学依据。通过这一框架，企业能够清晰地把握决策过程的每一个环节，从而提升决策的透明度和可追溯性。

模型推理过程中使用的算法类型多样化，以满足不同决策场景的需求。统计分析、机器学习和优化算法是三种常见的算法类型。统计分析主要用于数据的描述性分析和趋势预测，适用于需要快速获取数据特征的场合。机器学习算法擅长处理复杂的非线性关系，适合于需要深入挖掘数据潜在模式的决策场景。优化算法在资源配置和方案选择中发挥重要作用，帮助企业在多种备选方案中找到最优解。通过选择合适的算法类型，企业能够在不同的决策场景中灵活应用模型推理技术，提升决策的准确性和有效性。

在推理过程中，关键参数的选择至关重要。通过数据分析，企业可以确定影响决策的主要因素，从而在模型构建中优先考虑这些因素。关键参数的准确选择不仅能够提升模型的准确性，还能显著提高决策的有效性。例如，在财务绩效评价中，销售收入、成本控制和市场占有率等指标往往是影响企业决策的关键因素。通过对这些参数的深入分析，企业可以更好地理解其对整体决策的影响，从而作出更加科学合理的决策。

模型推理过程的可视化工具及其应用，是帮助管理层理解复杂数据关系和决策逻辑的重要手段。通过图表和图形化界面的展示，管理层能够直观地观察数据的变化趋势和模型推理的逻辑过程。这不仅有助于提高管理层对决策过程的理解，还能增强其对模型结果的信任度。常用的可视化工具包括热力图、折线图和决策树等，这些工具能够以生动的方式呈现数据的多维度信息，帮助管理层在复杂的决策环境中快速作出反应。

推理过程中的反馈机制是模型优化的关键。通过实时数据更新和结果验证，企业能够不断优化模型，提高决策的灵活性和适应性。反馈机制的设计需要考虑到数据更新的频率和结果验证的准确性，以确保模型能够及时响应环境变化。通过引入反馈机制，企业可以在模型推理过程中及时发现问题并进行调整，从而保持模型的高效运作和决策的持续优化。这种动态调整机制不仅提高了模型的适应性，也为企业在快速变化的市场环境中保持竞争优势提供了保障。

（二）决策依据可视化

决策依据可视化是现代企业财务管理中一个重要的概念，通过将复杂的数据和信息以图形化的方式展示，能够显著提高决策过程的透明度与理解度。图形化展示不仅使决策者能够更直观地理解数据背后的含义，还可以帮助识别潜在的趋势和异常。在智能决策环境下，决策依据的可视化不仅是信息呈现的方式，更是提高决策质量的重要手段。通过决策依据的可视化，企业能够更好地掌握财务状况，优化资源配置，从而实现更高效的管理和运营。

在构建决策依据可视化系统时，选择关键数据指标是一个核心步骤。这些指标不仅需要能够有效支持决策过程，还需准确反映企业的财务状况。财务指标如利润率、现金流、资产负债率等是常用的选择，但在智能决策系统中，还需结合非财务指标，如市场趋势、客户满意度等，以形成一个全面的决策依据体系。通过科学的指标选择，决策者能够更全面地了解企业的运营情况，从而作出更准确的判断和决策。

可视化工具在决策依据展示中扮演着重要角色。现代企业广泛应用动态图表和仪表盘等工具来提升数据的交互性与可读性。这些工具不仅能够实时更新数据，反映最新的财务状况，还可以通过交互功能让决策者深入探索数据细节。仪表盘的使用使复杂的数据分析过程变得更加直观和简洁，决策者可以通过简单的操作获取所需的信息，从而提高决策的效率和准确性。

在决策依据可视化的过程中，数据来源管理是一个不容忽视的方面。确保数据的准确性与一致性是支持有效决策制定的基础。企业需要建立一套完善的数据管理机制，包括数据采集、清洗、存储和更新等环节，以保证决策依据的可靠性。数据的准确性直接影响到决策的质量，因此，企业在构建可视化系统时，必须重视数据管理的各个环节，确保决策的基础是坚实而可靠的。

决策依据可视化对团队协作有着显著的促进作用。通过信息的共享与沟通效率的提高，可视化工具使团队成员能够在同一个平台上查看和分析数据，增强了团队的整体决策效果。信息的透明化和可视化不仅提高了团队成员之间的沟通效率，还促进了跨部门的协作。

（三）决策可解释性保障

在智能决策系统中，决策可解释性保障是一个至关重要的概念。它强调在决策过程中，如何清晰展示决策依据和逻辑，以此来增强透明度和信任度。可解释性不是信息的简单呈现，而是通过揭示决策背后的逻辑和数据支撑，使决策过程对所有利益相关者来说更加透明和可理解。这种透明性有助于减少对系统的误解和不信任，确保各方能够充分理解和接受决策结果。

决策可解释性与决策质量之间存在密切关系。提高可解释性可以有效减少决策中的误差和偏差，从而增强整体决策效果。当决策过程的每一步都被清晰地解释时，决策者可以更好地识别潜在问题，并及时进行调整和优化。这种反馈机制不仅提升了决策的准确性，还能在一定程度上避免因信息不对称导致的决策失误。因此，增强决策可解释性是提高决策质量的重要途径。

为了实现决策可解释性保障，可以采用多种技术手段。使用可视化工具能够直观地展示数据和模型的关系，使复杂的决策过程变得易于理解。模型分析则通过揭示模型的内在逻辑和参数影响，帮助决策者理解模型的预测结果。数据追踪技术可以记录决策过程中各个步骤的详细信息，为后续的审计和分析提供支持。这些技术手段的结合，极大地增强了决策过程的可理解性和透明度。

决策可解释性对利益相关者的影响不可忽视。通过透明的决策过程，企业可以增强各方对其决策的信任与支持。利益相关者包括企业内部的管理层和员工，也包括外部的投资者、客户和监管机构。当所有相关方都能清楚地理解决策的依据和过程时，他们更容易对决策结果产生认同和支持。这种信任关系的建立，有助于企业在竞争激烈的市场中获得更大的发展空间。

三、人机交互界面设计

（一）自然语言交互接口

自然语言交互接口在现代财务决策系统中扮演着至关重要的角色。作为用户与系统之间的沟通桥梁，它通过自然语言处理技术，使用户能够以更加直观和人性化的方式与系统进行互动。这种接口的基本定义不仅是提供一种输入输出的途径，还包括通过语言的自然性和流畅性，降低用户的学习成本，提高系统的可用性和接受度。自然语言交互接口的设计目标在于实现用户与系统之间的无缝沟通，从而提高整体决策效率。

自然语言处理技术在财务数据查询中的应用，为用户提供了强大的工具，使其能够通过简单的自然语言提问来获取实时的财务信息。这种技术的应用不仅提高了数据查询的效率，还增强了用户在复杂数据环境中的操作能力。通过自然语言输入，用户可以快速定位所需的信息，避免了烦琐的菜单导航和复杂的命令输入。这种便捷性不仅提升了用户体验，也为决策者提供了更为及时和准确的数据支持。

用户体验设计是自然语言交互接口成功的关键要素。设计者需要关注如何提升用户的交互感受与使用便捷性，以确保用户在使用过程中感受到系统的智能和亲和力。界面的设计需要考虑多种因素，包括语音识别的准确性、响应速度、交互的流畅性以及界面的直观性。通过优化这些用户体验要素，系统能够更好地满足用户的需求，提高用户的满意度和使用频率。

自然语言交互接口在财务报告生成中的作用尤为突出。用户可以通过简单的指令生成定制化的财务报告，而无须掌握复杂的数据处理技能。这种功能的实现，使财务报告的生成过程更加高效和灵活，用户能够根据自身需求快速调整报告内容和格式。这不仅节省了时间，也提高了报告的精准度和实用性，为决策者提供了更具价值的分析工具。

（二）决策反馈收集机制

决策反馈收集机制是智能决策系统中至关重要的一环。其基本定义在于，通过系统化的方法收集和分析决策过程中的反馈信息，以优化未来决策。这一机制的核心在于确保决策过程的透明性和可追溯性，使决策者能够在回顾和调整过程中获得有价值的见解。在面向智能决策的企业财务数智化绩效评价体系中，决策反馈收集机制不仅有助于提高决策质量，还能为决策者提供一种系统化的改进路径，从而在动态环境中保持竞争优势。

决策反馈收集的渠道多样性是实现全面信息获取的关键。包括在线调查、用户访谈和系统日志分析等多种渠道的整合，能够确保信息来源的全面性和代表性。在线调查可以快速收集大量用户的直接反馈，用户访谈提供了深入了解用户体验和需求的机会，系统日志分析则通过数据挖掘技术，揭示用户行为模式和决策过程中的潜在问题。这些多样化的渠道不仅丰富了反馈信息的维度，也为决策者提供了更为全面的视角，以支持其在复杂环境中的判断和选择。

反馈信息的实时处理机制是提高决策灵活性的一个重要方面。通过实时处理，决策者能够迅速获取反馈结果，从而及时调整决策策略。这种机制要求系统具备高效的数据处理能力和灵活的反馈呈现方式，使决策者能够在信息变化的第一时间作出反应。这种快速响应能力不仅提升了决策的准确性和时效性，也增强了企业在市场变化中的适应能力，有助于在激烈的市场竞争中立于不败之地。

决策反馈的定量与定性分析方法结合，是全面评估决策效果的重要手段。通过数据分析与用户体验反馈的结合，能够对决策的实际效果进行全面的评估。

定量分析提供了客观的数据支持，而定性分析则通过用户的主观体验揭示了决策过程中的细节和潜在问题。这种双重分析方法不仅提高了评估的准确性，还为持续改进提供了重要的依据，有助于在未来的决策中避免重复错误。

（三）多模态交互方式

在现代企业财务决策中，多模态交互方式逐渐成为提升用户体验与决策效率的关键。多模态交互方式指的是通过多种交互手段，如语音、图形和触摸等，来实现用户与系统之间的沟通。这种方式不仅丰富了用户与系统的互动渠道，还能有效地满足不同用户的使用习惯与需求。通过多模态的设计，用户可以在更自然的环境中进行操作，减少学习成本，提高操作的直观性和便捷性，对于企业财务决策的智能化转型起到了重要的推动作用。

多模态交互方式的定义及其在财务决策中的重要性不容忽视。通过整合多种交互手段，用户能够在更短的时间内完成复杂的任务，从而提高决策效率。尤其是在财务管理中，决策的及时性和准确性直接影响到企业的运营和发展。多模态交互通过提供多样化的操作入口，使用户能够根据自身习惯选择最适合的交互方式，进而提高用户对系统的接受度和满意度。这种灵活性在快速变化的市场环境中尤为重要，为企业提供了更强的竞争力。

结合语音、图形和触摸等多种交互方式，可以显著增强用户与系统之间的互动。语音交互使用户能够通过自然语言与系统沟通，降低了技术门槛；图形交互通过直观的视觉元素帮助用户快速理解信息；触摸交互提供了直接的操控方式，提升了操作的流畅性。这些交互方式的结合，不仅满足了不同用户的偏好，还为系统的普及和应用提供了更广泛的基础，确保了财务决策支持系统的高效运作。

多模态交互方式在实时数据查询中的应用尤为突出。用户可以通过语音指令快速获取所需信息，或通过图形界面浏览数据概况，甚至通过触摸屏进行详细的数据分析。这种多样化的查询方式，不仅提高了信息获取的灵活性，还加快了响应速度，使决策者能够在数据变化时迅速作出反应。这对于需要快速决策的财务场景，尤其是在涉及大量数据处理的情况下，显得尤为重要。

多模态交互方式对数据可视化效果的增强具有显著作用。通过图形化的呈现，用户可以更直观地理解复杂的数据关系。这种直观性有助于决策者在面对大量数据时快速识别关键趋势和异常点，从而作出更为准确的判断。多模态的交互不仅是技术的进步，更是对用户体验的深刻理解，推动了企业财务决策的科学化和智能化。

四、持续学习优化循环

（一）人工反馈学习机制

人工反馈学习机制在现代智能决策系统中的应用日益广泛。它强调通过收集用户在决策过程中的反馈信息，持续优化决策模型。用户在使用系统时的每一次交互与输入，都是对系统性能的一次检验与反馈。通过这种方式，系统能够逐步识别出决策中的潜在问题与改进空间。这一机制不仅提高了决策的质量，还为系统的智能化发展奠定了基础。

在人工反馈学习机制中，机器学习算法的应用至关重要。通过分析用户反馈，系统可以识别出决策过程中的薄弱环节与优化机会。这种分析不是简单的数据挖掘，而是涉及复杂的模式识别与预测分析。通过不断调整算法参数与模型结构，系统能够在动态环境中保持高效运作。反馈信息的实时整合则是确保这一过程顺利进行的关键，只有这样，才能确保反馈能够迅速反映到决策系统中，促进决策过程的灵活调整。

构建有效的反馈循环机制是实现持续优化的核心。通过定期评估用户反馈的有效性，系统能够不断校准自身的决策模型。这不仅提高了模型的准确性与适用性，也增强了系统对环境变化的适应能力。定期的反馈评估还可以帮助识别出系统在不同情境下的表现差异，从而为进一步的优化提供方向。

跨部门协作在人工反馈学习机制中具有重要意义。不同业务领域的反馈信息往往具有互补性，通过整合与综合分析，可以提升决策的全面性。各部门的协作不仅有助于反馈信息的收集与分析，还能为系统的优化提供多元化的视角。这种协作模式打破了“信息孤岛”的限制，使决策模型能够更全面地反映企业的整体需求与目标。

（二）决策效果评估闭环

决策效果评估闭环在现代企业中扮演着至关重要的角色。其基本概念在于通过系统化的方法对决策结果进行全面的监测与反馈，以实现持续的改进。这种闭环不仅仅是一个简单的评估过程，而是一个动态的、不断循环的系统，旨在通过持续的监测和反馈来优化决策过程。它强调了在整个决策过程中，信息的及时反馈与有效利用是实现企业目标的关键。通过建立一个科学的评估闭环，企业可以在决策效果不理想时，迅速识别问题，调整策略，从而在激烈的市场竞争中保持竞争优势。

评估指标的选择与设计是决策效果评估闭环的核心环节。为了确保评估的全面性与准确性，所选指标必须能够全面反映决策效果的各个维度。这包括财务绩效、运营效率和风险控制等方面。财务绩效指标可以帮助企业评估决策对利润、成本和收入的影响；运营效率指标关注于资源利用率、生产效率等；风险控制指标用于评估决策在风险管理方面的有效性。通过精心设计这些指标，企业能够获得一个全方位的视角，确保评估结果的可靠性和有效性，为进一步的决策优化提供坚实的基础。

在决策效果评估过程中，定量与定性分析的结合是不可或缺的。定量分析通过数据分析技术，对决策效果进行精确的数值化评估，而定性分析则通过用户反馈等方式，提供对决策效果的主观评价。两者相辅相成，构成了一个完整的评估体系。通过这种结合，企业不仅能够通过数据分析获得客观的决策效果评估，还能通过用户反馈等方式获得主观的、情境化的信息。这种双重评估方式能够为后续决策提供更加全面的依据，帮助企业在复杂多变的环境中作出明智的决策。

反馈信息的整合与处理机制是决策效果评估闭环中至关重要的一环。确保来自不同渠道的反馈能够迅速汇总与分析，是支持决策及时调整与优化的基础。企业需要建立高效的信息整合系统，能够快速处理来自内部和外部的各种反馈信息。这不仅包括对数据的分析与处理，还涉及对反馈信息的筛选与优先级排序。通过有效的整合与处理机制，企业能够在最短时间内获取最有价值的信息，为决策的优化与调整提供支持，确保企业在竞争激烈的市场中保持灵活性与适应性。

决策效果评估闭环在企业战略调整中具有重要的应用价值。通过实时监测与反馈，企业能够动态调整策略，以适应市场变化与内部需求。这种实时的、动态的调整能力，是企业在快速变化的市场环境中保持竞争力的关键。通过决策效果评估闭环，企业能够在战略执行过程中不断获取反馈信息，及时识别市场变化与内部需求的变化，从而进行战略调整。

（三）协同模式动态调整

协同模式动态调整在企业决策过程中扮演着至关重要的角色。它的定义强调了在面对实时反馈和环境变化时，企业需要灵活调整其协作机制。这种动态调整不仅是应对外部挑战的手段，还是提高企业内部效率和决策质量的关键因素。通过实时分析和反馈，企业能够有效地识别和响应市场变化，确保决策的及时性和准确性。这种灵活性要求企业具备敏捷的组织结构和快速响应能力，以便在复杂多变的商业环境中保持竞争优势。

基于数据驱动的决策优化是协同模式动态调整的重要组成部分。通过利用实时数据分析，企业可以支持协同模式的调整，从而提高决策的准确性和效率。在这一过程中，大数据技术和人工智能工具的应用至关重要。它们不仅能够提供精确的市场洞察，还能帮助企业预测未来趋势，制定更为科学的决策策略。这种数据驱动的方式使企业能够在信息爆炸的时代中，快速过滤和处理关键信息，从而作出明智的决策。

跨部门协作机制的灵活性是实现协同模式动态调整的核心要素之一。这一机制确保了不同部门之间能够快速响应变化，促进信息共享与资源整合。在企业内部，各部门往往拥有不同的目标和资源，如何在协同过程中实现这些资源的最佳配置，是企业面临的重大挑战。通过建立灵活的跨部门协作机制，企业能够实现资源的高效利用，确保信息在各部门之间的无缝流动，从而提高整体决策的效率。

协同模式动态调整的技术工具为企业提供了快速响应与调整的支持。低代码平台和可视化工具的应用，使企业能够迅速适应市场变化，进行协同模式的调整。这些工具不仅降低了技术门槛，还提高了企业的技术响应速度。通过使用这些工具，企业可以实现快速的原型设计和迭代，确保决策过程的灵活性和高效性。这种技术上的支持，使企业在面对复杂的市场环境时，能够从容应对各种挑战。

参考文献

［1］王巍巍．基于物联网智能办公系统决策研究［M］．长春：吉林大学出版社，2021．

［2］戴亚平，贾之阳，赵凯鑫．决策支持系统中的经典与智能化方法［M］．北京：北京理工大学出版社，2022．

［3］宫琳，胡耀光．智能制造系统感知分析与决策［M］．北京：机械工业出版社，2024．

［4］刘丽兰，高增桂，蔡红霞．智能决策技术及应用［M］．北京：机械工业出版社，2022．

［5］李长仪，刘婷婷．云制造服务智能化配置决策机制研究［M］．长春：吉林人民出版社，2020．

［6］谢冶博．赢面：运用大数据和人工智能技术辅助投资决策［M］．北京：中国经济出版社，2019．

［7］鲍凯．数字化财务：技术赋能财务共享业财融合转型实践［M］．北京：中国经济出版社，2023．

［8］豆大帷．数字化管理：数智技术重塑组织未来竞争力［M］．北京：中国经济出版社，2023．

［9］熊霞．中小企业财务管理［M］．北京：中国青年出版社，2023．

［10］林泉，吴黎，田海峰．企业财务管理与风险控制［M］．长沙：湖南大学出版社，2023．

［11］李先贺．企业财务及投融资管理研究［M］．北京：中国商务出版社，2024．

［12］赵文宇，任晓宁．现代企业财务管理模式研究［M］．长春：吉林人民出版社，2023．

［13］刘莉．我国中小企业财务管理创新研究［M］．北京：中国商务出版社，2023．

［14］陈志芳．基于平衡计分卡的地方项目财政支出绩效评价指标体系研究［M］．昆明：云南人民出版社，2019．

［15］徐伟丽，马丽敏．现代企业财务与绩效管理研究［M］．长春：吉林人民出版社，2023．

参考文献

[illegible]

[7] 李文敏、刘[illegible]加强党建[illegible]机制研究 [M]. 北京：[illegible]出版社，[illegible]

[illegible][M]. 北京：[illegible]出版社，[illegible]

[illegible][M]. [illegible]，2020.

[illegible][M]. 北京：中[illegible]出版社，2022.

[9] [illegible]：中[illegible]出版社，[illegible]

[illegible][M]. [illegible]

[illegible]